山は泊まってみなけりゃ分からない

石丸謙二郎

敬文舎

九重山　歓喜の咆哮

鳳凰三山　祈り

山は泊まってみなけりゃ分からない

石丸謙二郎

敬文舎

装丁・デザイン　竹蔵　明弘
企画協力　植松　國雄
編集協力　阿部いづみ
日高　淑子

写真・墨絵　石丸謙二郎

もくじ◎山は泊まってみなけりゃ分からない

第4章◎なぜ？　どうして？……141

第5章◎ふふっ……175

第6章◎山小屋に泊まる……205

はじめに

「山登りに行かないかい？」

登山をしたことのない友人を誘うと、目を泳がせながら、「泊まるの？」と声を低くして言う。彼の頭の中には、着の身着のままで樹木の下で寝転ぶ自分の姿が描かれている。横には消えかかった焚《た》き火《び》があり、毛布一枚でうずくまるイシマルがいたりする。

友人は西部劇で育った世代かもしれない。「いや、山小屋に泊まるんだよ」と訂正するのだが、頭の中では、包丁《ほうちょう》を研《と》ぐおばあさんの姿が浮かんでいるらしく、その小屋は峠《とうげ》にポツンとあるのかとおそるおそる問うてくる。日本昔話の世界から、いまだ抜けていない世代だ。

「ウオシュレットはないけどね」の説明にビクンと反応し、ステーキの話が出たところでアゴに手をやり、ピザという単語に膝《ひざ》を乗り出してくる。トドメにピアノ演奏となったところで、スケジュール帳のページをめくりだす。

山に泊まるというフレーズの誤解を解くのは、やさしくない。いちどでも泊まったことがある人なら、情景を浮かべられるのだが、いかんせん山登りじたいが説明しにくい。いちおう気になる人はテレビの登山番組を見るのだが、初日山小屋に到着したと思ったら、カットが変わり翌朝の出発シーンがはじまったりする。

「中はどうなってんのよ！」声がかすれる。わざと見せないわけではないのだが、やはり包丁を研いでいる幻影が消えないようだ。

本棚を整理しているときに、棚が手前に倒れないように下に敷いてあったモノが見つかった。50年前に買い求め山の中に持っていった《山の案内本》。穂高岳《ほだかだけ》だの八ヶ岳《やつがたけ》だの谷川岳《たにがわだけ》だのである。まるでタイムカプセルから見つかって現代に蘇ったような本の中身を読んでみた。

写真は白黒、ボンネットバスがさっそうと走り、鳥の羽のささったチロルハットをかぶり、ニッカボッカ姿の登山者が、ピッケルを空に向かって差し出している。背中には、横に長いキスリングと呼ばれたザックを背負っている。

巻末に山小屋の宿泊料金が書いてあった。おおむね、１４００円ほど。なかには、書いていない小屋も多い。当時は、登山者みずから米をかついで、「コレでお願いします」と自分が食べる量を差し出したりしていた。そのあたりの塩梅《あんばい》で料金が決まったのかもしれない。

時は一気にワープして、現代の山事情。はたして山は寝泊りできる場所なのか、それとも……。

さて、出かけてみますかぁ〜人生初の山中のお泊まり——

第1章 山小屋の昼寝

山小屋の昼寝

ふだん、昼寝の習慣はない。列車の中でウトウトしたり、ドラマのロケの現場で待ち時間にウトウトすることはある。それでも、昼間に自宅のベッドで眠ってしまうことはない。ない理由ははっきりしている。昼間に眠るのがもったいないからだ。起きて活動している希少な時間を有効に使いたい、と思っている私にとって、昼寝は許せない。自分が許せない。だから、たとえ眠くとも眠らない！

…とオッタマゲーションマークまで書いて主張した。ところが…である。

山小屋で、昼寝をしている私がいる。山は早寝早立ちといって、早朝から動きはじめ、終わるのが早い。終わるとは、山小屋到着という意味。到着時間は、午後1時なんてのはザラである。夕食時間までたんまり時間がある。あるからといって、その辺を走り回

るわけにはいかない。それなりに疲れている。なんたって、動きだしたのは早朝だ。夜中にヘッドランプで歩きだした日には、10時間くらい実動している。クタクタという言い方をしてもいい。午後1時2時とはいえ、気分的には夕方かもしれない。

小屋番さんに案内された部屋に入るが、まだ空っぽ、だれもいない。荷物をおろし着替えをすます。山小屋リラックス体制をつくりだす。汗みどろの服から持参したティーシャツなどに着替えると、すっきりした気分になる。「休め」の状態になった心持ちになる。ふと見ると、ひとりぶんの布団《ふとん》が畳んで置かれてある。そっと手を伸べてみると、柔らかく暖かそう。

「ちょいともぐり込もう」布団をひろげ、お茶の入ったポットを枕元に置き、身体を沈める。2000メートルちかい山の稜線まであがってきたので、部屋は寒いし身体も冷えている。外は、まだ鳥の声がピーチクかまびすしい。登山客たちの嬌声《きようせい》も聞こえる。でも、なんだか…布団があったかい。窓からやさしい陽の光がしのびこんでくる。

「眠ってもいいし、眠らなくてもいい、いずれゴハンだよと起こしてくれるからネ」。こんな素敵な誘惑にあらがえるハズもない。今日登ってきたルートを思い出して、ニンマリしていると、ウトウトしてくる。布団にもぐってこんなに気持ちがいいことがあっただろうか？　ごはんまでは、まだまだ時間がたっぷり。窓からの陽差しが壁に映写機のような影をつくっている。そしていつの間にか、夢の世界に落ちてゆく。眠っているのか目が覚めているのか曖昧《あいまい》なひとときも…

…ぐぅ…

人が眠りに落ちる落ちかたのなかで、最高の落ちかたがそこにある。なに気にすることもなく、起きる時間を気にすることもなく、いつか起きるに決まっているサ、との予感を信じながら、コトンと落ちる。落ちる瞬間すら、わかる気もする。自分が幽体離脱《ゆうたいりだつ》して、外側から観察しながら、コトンと落ちたような気すら…

眠っているような、眠りつつあるような…

起きる気もなく、起こされることもなく…

布団の重みで、からだの疲れが、どこか宇宙のかなたに…

昼寝大好きな山仲間もいて、わざと早く着く計画をたてる。小屋に着くやいなや、テラスで缶ビールをグビリとやり、とりもなおさず部屋の布団にもぐり込むのである。「夕飯のとき起こして」とこちらに声をかけたと思ったら、返事も聞かずにもうイビキをたてている。登山が好きなのか、昼寝が好きなのか？　圧倒的に昼寝が好きらしい。さほど夕食まで時間がないときでも、とりあえず布団に入り込み眠り始める。３０分後に、「夕飯だよ」と起こしてやると、「いや〜よく寝た」と伸びをしている。

ではふだんも昼寝をしているのかと問えば、山小屋だけだと返してくれる。やはり山小屋に特化した昼寝好きだと理解する。

山小屋というのは、早めに小屋に着くと、受付のときに小屋番さんがささやいてくれる。「もう眠っている方がおられますので、お静かに過ごしてください」。まだお日様は高く、ずいぶん早く着いたつもりだったが、上には上がいる。山小屋昼寝のプロかもしれない。

プロとは、それで食っている人のことをいうので、「達人」と呼ぼう。夕食のときに達人に「明日は夜中に早立ちですか？」と尋ねてみたら、「ふつうに出ます」と返事が。お話を伺ってみると、山小屋だとなんぼでも眠れるのだそうだ。いちどなど大雨で山小屋に連泊せざるを得なくなったとき、食事以外ずっと眠りつづけてしまったと、恥ずかし気に語られ、付け加えて、自分にとっては山小屋の昼寝は充電なのだと力説してくれた。

……くぅ……

「ごはんですよぉ〜」

…くぅ………

「えっ、ごはんだって?」、目覚めた理由が、腹ペコに耐えかねて…とは、なんという幸せ!

富士山に登る

「富士山に登る」

突然のこのフレーズ。日本人は、いちどは富士山に登りたいと思い、その願いをいつか叶えようとする。どうやったら叶えられるのか、分からないままに時が過ぎる。

「よし、今年登らない？」登山仲間と話し合い、ついに決行する人もいる。

「ねぇ、今週登らない？」ある夜、呑んだ勢いで友人を誘おうとする若者もいる。

「おい、そろそろどうだい？」還暦を過ぎて、頼りない友人にメールを送る人もいる。

そんなある日、なんとなく思いたった。

「そうだ、富士山にいこう」どこかのＣＭを思いっきりパクって頭の上に電球がともった。登るなら、静かなコースがいいな…ひらめいたコースは、あとで考えれば、日本山

岳上、もっとも過酷なコースであることが判明する。

《御殿場《ごてんば》ルート》

御殿場駅から西の方角に、《新五合目》という登山口標識がある。五合目という言葉に騙《だま》されてはいけない。富士山には、４つのルートがある。

・富士宮ルート

・須走ルート、

・河口湖ルート

・御殿場ルート

最後の御殿場ルート以外は、標高が高い所を出発点とする。つまり山頂までの標高差が短く、少しでも楽に登ろうと考えられたルートだ。４番目の《御殿場ルート》これがあえて選んだ、日本で最難関のルートである。

出発点の標高　　１４４０メートル

富士山頂　　　　３７７６メートル

標高差　　　　　２３３６メートル

この標高差が体感的に理解できない方のために、例えを書き記そう。いちどはあの山に憧れている奥穂高岳。その標高差は――

上高地出発　　１５００メートル
奥穂高岳山頂　３１９０メートル
標高差　　　　１６９０メートル

これで分かるように、出発点の標高はほぼ同じだが、到達点は、御殿場ルートのほうが６００メートルほど高い。ここで、アナタから反論が出る。

「そんなん、たかがちょっとの差じゃないの！」

たしかに、登る標高差だけをみれば、大騒ぎする差ではない。（大騒ぎする人もいる）ところが、このコース（ルート）には、大きな落とし穴がある。障害といっても構わない。いったい、その落とし穴とは何か？

《山は登ってみなけりゃ分からない》

だれかの書いた本の題名どおりのことが富士山でも起こった。

富士山には、３３歳（１９８７年）のときにいちど登っている。みずから登りたかったのではない。当時７０歳の父親が、「富士山に登る！」と一念発起したらしく、６２

歳の妻を従えて東京在住のけんじろう君のアパートへ押しかけてきたのである。

ならばと、押し入れからキスリングというザックを引っ張り出し、中古の車で河口湖ルートの5合目までやってきた。当時は、五合目までマイカーで行けた。

70歳と62歳、ほとんど登山経験のない2人を登らせるにはどうしたらよいか？　考えた末、杖以外は何も持たずに登らせようと決める。ところが形にコダワル父親が、どうしてもリュックを背負いたいと、駄々《だだ》をこねる。仕方なく、子供用のリュックを2つ用意し、その中に、風船をいくつも膨らませて入れた。見た目には、かなり重いリュックに感じられる。気を良くしたらしく、ふたりはその後、降ろしたら風で飛んで行きそうなバレるリュックを背負い、河口湖登山口で、富士に向かって柏手《かしわで》を打っていた。

計画では、7合5勺《しゃく》の小屋で一泊し、山頂をめざす。思いのほか2人の足どりは軽く、宿泊小屋までやってきた。受付を済ませ夕食となる。当時の山小屋は、大きな声では言えないが、お世辞にも立派とは言い難かった。ある意味仕方ない事情もあったようで、修験者の仮の宿というべき施設状況。

まず、トイレが100年前に遡った趣であり、夕食はお弁当。それも、久々にお目にかかる日の丸弁当に毛の生えたモノ。まあ、それはそれで仕方ない。食い物に文句を言う状況ではなく、ありがたく押しいただく。

ところが、寝る場所が狭かった。《蚕棚《かいこだな》》と呼ばれる人間の横並びである。2階建ての蚕棚が並んでいた。幅は肩幅。そこに押し込められた父親。しばらくは、ジッと耐えていたが、小1時間したころ、突然、怒り出した。「ふざけるな!」

父親は、狭さを怒っているのではなかった。ある状況とソックリな寝所に怒りを感じたのである。じつは父親は、終戦後4年半、シベリアに抑留された人である。マイナス20~50度のなかで、ラーゲリという宿泊施設にいた。そこは、上下二段になった蚕棚になっており、寒さと飢えで、毎日のように隣に寝ている人が、冷たくなっていった。食べるモノは、一日にパン1枚と具のないスープ1杯。連日フファイカという外套《がいとう》だけで、吹雪のなか12時間労働。鉄道をつくらされた。楽しみは、1枚のパンと、眠ることだけ。その眠る場所が、寝返りさえ打てないような狭さ。富士山の山のなかで、40年前の記憶が、まざまざと蘇ったのである。

「ふざけるな!」父親の怒りは、山小屋に対してではなく、戦争に対する情けないような憤りであった。

怒りを爆発させそうな父親を寝床から引っ張り出し、食堂へ向かい、日本酒を呑むことになった。とはいえ、標高3000メートルの山の上。酔いは早いし、クラクラする。そこで、山小屋の人に事情を話してみた。

「70歳で登ってきたんです。あそこに広くあいている場所は、つぎつぎに登ってくる方のために、あけてある寝床ですよネ。その方たちが来るまでで構わないので、父親だけ、手足を伸ばして寝かせてもらえませんか?」こころ優しき小屋主さんのおかげで、父親はゆったりと朝を迎えることができた。

翌日、ご来光を小屋前で浴び、山頂に向けて出発! 高山病になることもなく、山頂、つまり剣が峰にたどり着いた。当時はすでに気象観測レーダー、いわゆる富士山ドームは撤去されたあとだった。そして神社に行くと、70歳以上の登頂者には、扇子が与えられたのである。父親の喜ばんことか!

時は過ぎて、2023年、御殿場登山口《新五合目》にいた。五合目と名前があるが、じつは標高的には、1合目である。この日の宿、7合4勺にある《須走館》は、標高3120メートル。つまり一気にこの高みまで行かなければ、眠る小屋はない。ということで、キラキラと輝く太陽を背に、登りはじめた。タクシーを降りた登り口で、なぜか松田聖子の歌が、スピーカーから流れている。登山口ではじめての経験なので、間違って海水浴場に来てしまったのかと思った。

その直後、目の前の光景に心を奪われてしまった。富士山が大きいのは分かっている。しかし御殿場登山口から見た富士山の、なんと壮大なこと。分厚さと、遠近感を感じられる高さへのおののき。配色は、真っ黒い火山灰と黄色い花の群落。この色使いが延々とつづく。

（夕方、宿の女将さんによって、その花の名前が、《おんたで》だと知るのだが）

周りに、大量の登山者が歩いている。登山者の少ない静かな登山道だと聞いたハズなのだが、どういうことだろうか？　聞けば、この日は年に１回のイベントの日だったのだ。

《富士登山駅伝》

なんでも、７人でタスキリレーをして御殿場口から山頂までを、往復するレースらしい。数十チームが参加するので、その関係者や応援者が、８時スタートを前に、登るは登る、にぎやかである。

「静か」はどこにいったんだ！　などと思っていたら、４合目あたりで、歓声があがりはじめる。ランナーがゴマ粒の大きさで、かけ登ってくる。登山道は、火山の砂《スコリア》と呼ばれる、数ミリほどの大きさの砂で覆われている。この砂道を登るのは、非常にツラい。せっかく登った靴が、数センチ、ズリ落ちてしまう。そこを先頭の走者が、ランニングに短パン姿の汗びしょで、あっという間に通り過ぎた。何百人の応援団と観客が盛り上がる。「道をあけてくださ〜い」係員の声に応じて道の端に寄る。とはいえ、登山者である私もズルズルなので、敏捷《びんしょう》に動けない。

やがて、どんどん選手が通り過ぎた。そのころになって、ハタと気づいた。大勢の登山者がいると感じていたが、周りを見まわしてみると、登っている人はいない。このコースの場合、前後数キロが見渡せる。はるか前方2キロほど上にひとり。

下方はやはり1キロのところにひとり。もしレースがない日であれば、前後数キロのなかに、3人しか登山者がいないことになる。富士登山としては、あまりにも極端な少なさである。

しかし少なさのおかげで富士山の雄大さも感じられた。両手を広げて登っているのが楽しかった。その楽しさが、突然崩れる。4合目を過ぎたころ、ある場所にさしかかる。《大砂走》おおすなばしり。

いわゆる火山性の噴きだした砂、スコリアが、標高差1000メートル以上にわたり広がっている。砂の大きさ、数ミリから1センチほどで、風で舞い上がるほどではないが、坂道にある砂としては、かなりの難物である。砂地獄という言葉どおり、登ったぶんズリ落ちる動きをする。ズルズルと足がズリ落ちる。傾斜が増すほど、ズリ落ちははげしくなる。

残雪期の雪山に登ると、「腐った雪」なる表現がある。アイゼンが利《き》かないほど、ズルズルとゆるく、登れども登れども、前に進めない状況をいう。その状態が、富士山の砂場で登山者を苦しめている。この登りは、ツライ。

「働けど働けど　なお我が暮らし楽にならざり、ヂッと手を見る」石川啄木《いしかわたくぼく》が詠《よ》んだ句を思い出してしまう。

「登れども登れども　なお富士は遠し…」え〜と、この場合、ヂッと何を見ればいいのだろう？　フクラハギもモモも見るのだが、悲鳴をあげている。相当頑張って登ってきているのに、ほとんど標高をかせいでいない。

ハァハァはぁはぁ〜〜気温は低いのに、汗がボタボタ落ちる。水は2・5リットル抱えてきたものの、足りないかもしれない。

日本の山のなかで、ズルズルとなる山道は少ない。時折あったとしても、すぐ終わる。

ところが、御殿場ルートのなんと過酷なことヨ。宿泊山小屋までの高低差は1700m。この高低差だけでも異質な高さ。その半分以上、ズルズルがつづく。登山者が少ない理由が分かる気がする。しかしながら、山の美しさと雄大さに驚きながら登っている。

「富士山とは？」と問われれば、この寂寥《せきりょう》とした風景を見れば分かる、と答えたい。スコリアの黒い砂のなかに咲く黄色い花《おんたで》が登山口から山頂近くまで、すさまじい大群落をつくっている。富士山には、高山植物が少ないと言った方もおられるが、富士山の南東にひろがる数えきれないほどの花の眺めは、どう表現したらいいだろうか。絨毯《じゅうたん》などという生やさしい言葉使いでは収まらない。《おんたで》のおかげで、苦しいズリズリ登りの苦しみをクリアできた。

6合目からは、ややズリ落ちがゆるくなり、7時間の悪戦苦闘で、7合4勺にある《須走館》に、辿《たど》り着いた。標高3120メートル。この高さまで、一気に登ってきたことを反省もしている。なぜか？　高度順化がむずかしい。午後3時に到着した時点で、まったく元気であったのだが、夜になると…

高山病は、日本の山では3000メートルからが、この症状が顕著に出る。高い場所に行けば必ずなるかと問えば、そうではない。

《高度順化》大切なのは、身体が高い場所の少ない酸素に慣れることだ。一旦２０００メートルあたりで一泊すると、身体が慣れる。平地から一気に３０００メートルまで行ってしまうと、かなりの確率で、高山病の兆候が出る。

山小屋にたどり着いたときに、すでに症状が出ている場合と、まったく元気なのにそのあと出る場合がある。私は、後者であった。１７００メートルの標高差とズルズル蟻地獄をクリアし、やっとたどり着いた喜びと、景色の美しさに、興奮していた。アッチで写真を撮り、ソッチで雲の動きを眺めていた。

やがて、午後5時となり、夕食の時間。カレーライス食べ放題！　たくさんの泊り客の列にならび、自分でご飯をついでいく。そのときに、おかしさを感じていた。相当、おなかが空いているハズ。なのに、ゴハンに魅力を感じない。仕方ないので、缶ビールを1本飲んだ。よせばいいのに、２本目のタブもあけた。もし、アナタが高山病になりかかっている際に、やってはいけないことを述べておこう。

・着いてすぐ眠らない

・お酒を控えめにする

眠ると、呼吸が浅くなり、酸素の摂り込みが少なくなる。高山病になりかかったときは、深呼吸を繰り返さなければならない。その上で、水を大量に飲む必要がある。「ビールを飲んでいるから水分は大丈夫！」念のために言っておくが、ビールは水分ではない。むしろ逆で、利尿作用があるので、体内から水分を排出してしまう。その知識はあったのだが、到着したときの元気な自分に、自信がわいてしまったのがいけなかった。つい、プシュッ、タブをあけゴクゴクやった。いじきたなく2本目もグビグビやった。

小さな反省があったので、眠るのは我慢した。そもそも山小屋は異空間で、安眠できる環境ではない。ひとの立てる音、ヘッドランプの灯《あか》り、いびき、寝言、歯ぎしり、放《ほう》屁《ひ》。

それでも身体が疲れているので、うとうとしはじめる。すると、頭痛がはじまった。深呼吸する…うとうとする、頭が痛い。いったいいま何時だろうか…

悶々《もんもん》としていると、カーテンのない窓が明るくなりはじめた。空が白みはじめている。起き上がろうとしたら頭がクラクラする。やっちまった。軽い高山病――

小屋の外に出てみると、目の前すべてがオレンジ色に包まれていた。ご来光が、霧で拡散し空全体が赤々と燃えている。登山客がスマホで写真を撮りまくっている。太陽に背をむけてシャッターを押しているので、自分の身体が、真っ暗になっている。

「どうやったら、逆光補正できるの？」あちこちで同じ声が聞こえる。親切に教えている人がおり、自分の写真が撮れなくて、嘆いている。

「朝ごはんですよ〜」の声に反応するのだが、食欲がない。頭痛と吐き気がする。風邪の症状にそっくり。それでも食っておかなければ、もっとひどくなる。むりやりゴハンを腹に詰め込み、出かける準備をする。

そのとき、隣で寝ていた５０代の男性と、話が弾んだ。彼も、同じルートを登ってきた同志であった。ズルズルの苦しみを耐え抜いた戦士であった。さらには、ビールも１缶飲んでしまった同僚であった。したがって、軽い高山病を発症した同じ病室の患者でもあった。悪いことに、足がツル症状まで２人は同じだった。

この朝、出発時間は別々だったが、１０分も登ったあたりで、不思議に歩みが同調し、「同志！」握手こそしなかったが、ふたりでチカラを合わせようという意識が目覚める。

やがて、最後の山小屋《赤岩八合館》の前を通り過ぎ、あとは、急坂となる山頂までの苦しい道がつづく。つづら折りのジグザグ道を延々登る。さあ、そんなときだった、朝もやの霧のなかに、めったに見られない現象が現れた。

《白い虹》

白い虹は、尾瀬でよく見られることで有名だ。わざわざ尾瀬にそれを観に行く人もいる。ただし、めったに見られないのは同じ。早朝にわいたガスに朝の光が当たると、偶然の確率でできる。色の付いた虹は雨のあとに観られるが、白い虹は、ガスのような粒の小さな霧状のときにできる。ブロッケン現象によく似ている。

しかしながら、富士山の白い虹は、あまりにもクッキリしていた。あわててスマホを取り出し、シャッターを押した。とはいえ、現れたのは、2分ほどのあいだ。観られたのは、我らふたりだけだった。

山によく登っている人でも、めったに見られない現象に遭遇し、気持ちが高ぶったのか、いつのまにか高山病を忘れていた。身体を動かし、呼吸がはげしくなったので、酸素摂取量が高まったらしい。ココから先は、ペースを落とす。ジグザグの曲がり角に来たら、1分の休み。休んでいるあいだに、コメカミのドックンドックンが収まる。曲がり角に来たら、1分休み。ん…これって、37年前に70歳の父親を連れてきたときにやった登り方じゃないか。って、自分がほぼその年齢になっているじゃないか。

しかして、3時間で、てっぺんにたどり着いた。その瞬間は、ガスがわいて景色がよくなかったものの、平地の4分の3しかない空気の薄さを感じながら、日本のてっぺんに立っている喜びを味わっていた。

さあ、ここからが大変！　登山は下りこそが勝負なのである。「あとは下りだけだから」山登りをしない人は、下りをなめている。もし、山に下りがなかったら翌日の筋肉痛はないといってよい。さほど人間の身体は下り用につくられていない。つまり下りがヘタな動物である。それが証拠に、オリンピックでも、下る競技はない。１００メートル下り世界記録などない。だれもチャレンジすらしない。危ないからだ。

じつは、このルートを選んだ理由が、この先待っているのだ。これがやりたくて、ズルズルを我慢して登ってきた。さあ、その場所まで行くゾぉ～～

《大砂走》　おおすなばしり

富士山には、ほかにない独特な砂地がある。１０～１５度ほどの傾斜の坂道で、登りで苦しんだあの砂場である。登りの恨みを下りで取り返そうというのである。どうやら江戸時代から、人びとが走っていたようで、絵も残っている。

往路にズルズルと苦しんだぶん、非常にヒザにやさしい下りとなる。なんたって、頂上から2300メートルの標高差を一気に下るのは、きびしい。1000メートルぶんをここでかせぐのである。一歩一歩を大きく足をひろげて、登山靴の底で砂を押すようにして下ってゆく。走るヒトは、一歩で3メートルも進むといわれている。

実際、前日の登山駅伝の選手の走る姿を横から眺めていたら、まるで高速エスカレーターに乗った人を見ている気がした。上半身がそのままで、ス〜〜と落ちてゆくように見える。ウサイン・ボルト真っ青の高速で落ちてゆく。仮に転んだとしても、相手が砂なので、大怪我はしないだろう。

ザ〜ク、ザ〜ク、ザァ〜〜ク、降りても降りても大砂の坂道はつづいている。ザァ〜〜〜ク。ガスもわいてきて幻想的な走りとなる。ヒザにやさしいとは言ったが、長い時間、足に負荷はかかる。歩けども歩けども、なかなか出発点に戻れない。富士山は大きくてひろい！

なんやかや、2日間で、17時間歩きつづけ、御殿場口まで戻ってきた。苦しい高山病から脱して歩きつづけられたのも、2日目から一緒に歩いてくれた同志のおかげともいえよう。彼も、筋肉痛になったのだろうか？　私の足は、シップのパッチを履《は》いているように見えるのですが。

富士山を望むなら石割山山頂へ

山で出会う

長年登山をしていると、非常に稀有な日がある。

人がいない…

そう、一日中、だれにも会わない日がある。しかしふだん人と会わない日など、めったにない。めったどころか、ほとんどない。ほとんど、どころか、決してない。決してどころか、絶対ない。ない、ない、ない、ない…

ないという意味を突き止めると、山ではだれかに出会う。狭い日本では、かなりの確率で人と出会う。今日こそ登山者に出会わなかったと感慨深かった夕方、登山口に置いてある車までの最後の最後に、山道を工事している方と、バッタリ出会ったりする。会いたくなかったワケではないのだが、残念な気持ちが湧《わ》いたのはたしかだ。

この20年間で、だれにも会わずに登り帰ってきた山は、二つしかない。数百分の2という確率である。そのひとつは、鳥取県の《蒜山《ひるぜん》》1202メートル。ただし、大雨の中を登った。そんな日に登る人がいなかったという結論であり、確率に入れるかどうか…

もうひとつは、群馬県にある《笠丸山《かさまるやま》》1189メートル。

アクセスも良くないが、晩秋とはいえ、あまりにもひっそりしていた。おそらく、岩場と登山道の危険性で、人が近づかないのかもしれない。とはいえ、岩場のスリルと落ち葉が大量に溜まっている山道は、なんとも気持ちが良い。腰まで埋まるような落ち葉は、《落ち葉のラッセル》を味あわせてくれる。また、ホウの木が大量にあり、《ホウ葉のラッセル》も楽しませてくれた。

これほど落ち葉があるのは、笠丸山に生えている樹木が、ほとんど落葉樹だからである。杉やヒノキの植樹も少なく、針葉樹がわずかしか生えていない。ゆえに、葉が落ちたあとの木々のあいだに陽の光が差し込み、山全体は明るい。山を淋しく感じるのは、人がいないからではない。山そのものの表情にすぎない。淋しくない山が、やっぱりいい。

かと思えば、山の中でバッタリ出会うヒトもいる。たとえば都会では、バッタリはほとんどない。分母の大人数の問題が確率を下げていると思われる。そのぶん、山では登山者の分母の数は多いわけではないので、バッタリに驚くほうがおかしいとも言える。とはいえ、一年に二度も三度も違う山で出会うと、なにかの縁を感じてしまう。あれは、御嶽山《おんたけさん》の五の池小屋であった。

御嶽山は、名古屋に近いので、まるで富士山に登るかのごとく多くの登山者や礼拝者が訪れる。2014年9月の噴火で63人の死者行方不明者を出し、しばらくは頂上まで行けなかったが、その後解禁され、一部を除いて登れる山となっている。この山は、ロープウエイで6合目まで行けるので、子供からご年配まで、足を向けやすい。が、標高は3000メートルを越えている。朝起きて、一気に3000メートルの高みまで登るのは、身体が悲鳴をあげる。空気の薄さに身体がついていかない。9合目あたりでは、「こんなハズじゃなかった」人たちが、石段でうずくまっていたりする。

3000メートルを超える山では、いったん標高2000メートルくらいの山小屋に一泊し、低酸素に身体を慣らしてから、登らなければならない。でないと高山病になってしまう。なまじロープウエイがあると、一気に登っちまえと意気込んだ結果が、うずくまりのヒトとなるのである。頭がガンガン痛くなり、風邪を引いたような症状で食欲がなくなる。仮になんとか山小屋に転げ込んだとしても症状は良くならない。とにかく眠いので布団にもぐりこむ。これがいけない。人は眠ると呼吸が浅くなり、高山病がますます悪くなる。つらくても起きて深呼吸をつづけなければならない。水分をしっかり摂《と》りながら。

さて、「こんなハズ」にもならずに五ノ池小屋にたどり着き、受付をすませ、外のテラスで夕陽を浴びながら、ビールの人となる。夕食は混んでいるため、私は入れ替え制の二回目らしい。生ビールのジョッキのお代わりをして、暮れゆく大自然の壮大さにウツラウツラしていると、食事ですよと声がかかる。小屋の食堂に入ると席を指定され、40人ほどが、ぎっしり整然と座り、いただきますがはじまる。飲み物自由、ゴハン味噌汁お代わり自由。しばし、ガツガツと白米をかき込んでいたら、はす向かいのオジサンが目をまん丸にしている。

「燧ヶ岳《ひうちがたけ》の頂上直下で写真を一緒に撮った私です！」

先年、尾瀬におもむいた際、一緒に写真におさまり話が咲いた方ではないか。すると、彼が興奮して語りだした。目の前、つまり私の右隣りに座るのが奥様だという。今日、最後の登りでフクラハギの筋肉が痛くなりツリはじめたそうな。山小屋に着いてもツリがひどく、いまも座っているのが苦痛なのだと、おっしゃる。

彼は妻をなだめるべくこう語っていたそうな。「以前、燧ヶ岳でも自分の足がツリはじめ難儀していたところ、イシマルさんに出会った途端、ツリが治《なお》った。だから、この御嶽山の頂上にイシマルさんが居ると思って登るんだゾ」と励まして、ようよう辿《たど》り着いたらしい。不可思議な励ましなのだが、まさか隣りの席に当人が座っていようとは！「ほらみろ、オレの言った通りだろ！」ますます興奮する彼に恥ずかし気に、足を揉《も》む奥方。

ほんじゃどうぞとワインのおすそ分けをいただきながら、最近の山登り談義に花が咲く。ひと月ほど前に登った北海道の雌阿寒岳《めあかんだけ》に話が及ぶと、彼の目がキラキラしだした。その山行の際、泊まりはどこだったかと訊《き》かれたので、ホテルの名前を言う。屋上にプールより広い大露天風呂があった話をすると、いつ泊まったのかと訊かれる。正確な日にちを言えば、彼の目玉がポカンと開けた口ほどに大きくなった。「そのホテルで、その時期働いていたんです」

仕事は引退したと聞いたばかりだったので意味がわからず、深堀りする。なんでも…アチコチ日本中の山に登りたいのだけれど、費用がままならない。そこで遠征費のかかる北海道では、行きたい山の近くでアルバイトをして費用を稼ぎながら登っているという。雌阿寒岳の場合、住み込みのホテルが、ちょうどそのころ、イシマルが屋上露天風呂の客になっていたというわけである。

「デッキブラシを持った半ズボンの従業員がいませんでしたか？」。言われてみれば、やたら逞《たくま》しい身体つきのオジサンとぶつかりかけたなぁ〜。なんと一年に３回も遭遇していたのである。日本の山は狭い！　そして奥様の足のツリが、この会話の最中、突然おさまったのでありました。

キャンプ場に泊まる

オートキャンプ場、花盛りである。

いま、オートキャンプ場に行かれている方は、いつからこんなに花盛りになったのかと不思議がられるだろうが、２１世紀のはじまったころからである。その前にも、あるにはあったが盛りとはほど遠い。「やってます」的な、コダワリ系のキャンプ場が主流だった。門限厳守で、夕方5時、入り口にカンヌキを掛けられたら、朝まで出られなかった。数も少なかった。ネットで調べるなどというやり方すらなかった。

では、キャンプが好きで移動を車で行く人たちは、どうしていたのか？

２１世紀のはじめごろ、道の駅に泊まる人たちが現れた。少数派だが、出没し始めた。理由は、トイレがあるからなのだが、当時の道の駅は、夕方5時になったら、チェーン鍵をかけた。入った車は出られなくなった。条件的にはオートキャンプ場と同じ。

それでも彼らは、車でどこかに泊まりたかった。車中泊に夢を抱いた。海の駐車場や山の登山口など、泊まれる場所を必死に探した。そうこうしているうちに突然、道の駅がオープンになった。「どうぞ」と手招きをはじめた。夕方のチェーン閉鎖がなくなったのである。

すると、本屋の店頭に、《道の駅に泊まる！》なる魅力あふれる雑誌が並び、飛ぶように売れた。こうなると我も我もと、旅好き国内放浪ビトが彷徨《さすら》いだした。日本じゅうにある道の駅をホテルよろしく使いだしたのである。

となれば当然、風紀問題（騒音、ゴミ、火起こし）が勃発し、またしてもチェーンが張られる。しかし自治体としては、人びとに来てもらいたい。さあ解決策が生まれる。オートキャンプ場が、つぎつぎにオープンをしはじめた。その広がり方は、等比級数的だった。人気のエリアであれば、オートキャンプ場をパソコンで検索すれば、キャンプ場の隣りにキャンプ場があったりする。ラーメン屋の隣りにラーメン屋があるのと似ている。

讃岐のうどん屋のとなりにうどん屋があるのと似ているという人もいる。

「おらぁ、トイレが汚ねぇからキャンプ場は行かねぇ」と、ゴネてた江戸っ子の源さん

が、

「なんでぇ、ウォシュレットがあるじゃねぇかい」目じりを垂らしている。とはいえまだまだ、ウォシュレットの普及率は自慢できないレベルだが、日進月歩、生まれ変わりつつある。

《産業革命》という言葉が、いにしえにあったが、キャンプ場は飛躍した。《野に泊まる》の考え方を変えた。思い切って《家を移動した》と変えた。オートのチカラを利用して、家にあるさまざまな道具を運び込んだ。キャンプと名づけたミニチュア家で放浪している人たち、となった。

それまで、《車中泊》と呼ばれ、どちらかといえば蔑《さげす》みの対象となっていた私のような放浪ビトが、胸を張った《キャンパー》になった。仕事帰りの帰宅地が、キャンプ場だったりした。仕事へ向かう朝、歯を磨いている洗面所がキャンプ場だったりした。

私の場合、キャンプそのものが目的ではないので、オートキャンプ場が、機動性抜群で楽チンなのだ。目的がキャンプの方には申し訳ないが、炭は七輪で10分以内に熾《おこ》す。キャンプ場に車を停《と》め、エンジンを切った15分後には、七輪の網の上で肉の脂《あぶら》がはぜ、ビールのタブをカシッ！　就寝の為のテントは張らない。ハイエースを自分で改造してベッドをしつらえてある。さあそうなると、片付けも早い。翌朝出発となれば、１０分でその場からキレイに居なくなる。

♪～はやてのように現れて、はやてのように去ってゆく～♪

月光仮面のようなキャンパーなのだ。（古いな）

最近は、忘れ物を多々する。たとえば、鍋《なべ》を忘れたりする。前回、使って洗った鍋を積むのを忘れる。それでも、キャンパーはオロオロしない。「買えばいいサ」泰然《たいぜん》と構えている。昨今、日本全国キャンプ用品を売っていない町はない。かなりの田舎に旅しても、なにかしら売っている。たかが２０年前、「チャッカマンがない！」で大騒ぎしたものだが、いまや、どんな忘れ物をしても、ほぼなんとかなる。むしろ自宅にいるより、なんとかなる。これは、いってみれば――

《現代のサバイバル》である。「さあ、困ったネ、どうすればいい？」この問いの答えが、買い物付きキャンプなのだ。

困ったとき、町の大型スーパーに行けば、食料品はもとより、薬もキャンプ用品も、大工道具までなんでも売っている。ステーキ肉と刺身を仕入れたカゴに、ペンチと自転車空気入れなんかが入っていたりする。レジの方も、当たり前のようにピッとやってくれる。いにしえの村の、なんでも屋が現代に蘇ったのである。タワシと菓子パンとクワをいっしょくたに売っていたオバアちゃんの店が、大型化しただけと考えてよい。

ところで質問、キャンプに必要なモノは何？　意外なモノが要《い》る…それは、《長靴》。「雨が降るからですか？」それもある。じつは、真夏のキャンプ場にはブヨが出る。低空を飛んできて足を狙う。あやつに刺されると、2、3か所赤い点が印として残る。痒《かゆ》さでは蚊の比ではない。夜中に無意識に足をかきまくり、朝、シーツが血まみれになって、ギャ〜と驚く。

ブヨの意地悪なところは、すぐに痒くならない点だ。蚊は刺されれば、たちまち痒い。だから、ムヒを塗るだの対処できる。ところが、ブヨの場合痒くなるのは翌日。さらに本格的に痒くてたまらなくなるのは、さらに次の日。「いま出ました」蕎麦《そば》屋の出前が遅いと言って電話したときの返事より、明らかに遅い反応である。

そうならないための、長靴。足首を徹底的に守ってやろうという対策。ただし真夏のキャンプ場は、やはり暑い。できれば、サンダルでいたい。長靴など間違っても履《は》きたくない。「なんでこんなモノ持ってきたんだ！」叱られるのを覚悟して持ってきている。

《虫ころり》など、殺虫剤がどんどん進化しているが、ブヨだけは、ものともせず襲ってくる。蚊もハエもいなくなったのに、ブヨだけ我が物顔。そのうち人間が、殺虫剤の強さのセイでいなくなっても、ブヨだけ生き残るかもしれない。

アチコチでブヨに泣かされた経験が、「長靴持参！」を義務づけられた。さすがに長靴は中に汗をかくので、足には、薄い薄い靴下を履いている。ブヨという昆虫がこんなおかしな人間をつくり出したのである。

もうひとつキャンプの必需品を語ろう。それは、《座布団》。

キャンプでは、イスに座る。チェアと言う人が多い。アルミのフレームに布が巻かれてあるのが主流。キャンプでは、意外と長い時間座っている。いったん座るとトイレ以外立たない怠け者すらいる。そんなとき、布は思いのほか楽ではない。冷えてくる。そこに座布団！　暖かさもさることながら、おケツの下が柔らかいのは、人を気持ちよくさせる。座布団があるのとないのとでは、キャンプの質が変わる。高級感すら漂う。残念なことに、スーパーでは座布団を売っていない。

キャンプでピアノを弾く

キャンプ場でピアノを弾いている。オートキャンプ場に幾度か行ったことがある方なら、いくつかの区画に電源が設置してあるのをご存じかもしれない。地面から立ち上げた箱のようなモノにコンセントがあり、雨が降っても利用者がそれなりのコードを持っていれば、問題なく使える。100ボルトなので、たいがいの電化製品は使える。

そうなると、本来のキャンプにソグワナイものまで持っていくことになる。トースターや冷蔵庫、はては電子レンジすら持ち込んでいる車もある。レンジがあれば冷凍物までなんとかなるので、もはやキャンプを楽しむという原点から、ずいぶん外れてしまうのだが、そのあたりは便利という言葉に負けてしまっているらしい。さらにまさかと思ったら、テレビを見ている家族もいるではないか！

テレビぐらいで驚いてはいけない。その昔、キャンプ場の水辺で、映画を上映していた輩《やから》がいた。何を隠そう私である。プロジェクターというマシンがあった。ＶＨＳビデオをプロジェクターに入れて再生すると、映像が夜空に吐き出される。前方に白い敷布を広げて、そこに映像が当たれば、映画がはじまるという仕掛け。音量もそれなりに響かせて、オートミュージアムならぬキャンプ場映画館である。

しかも良いことに、映像は敷布の裏側から反転映写しているので、手前に人が歩こうが、バーベキューをしていようが、おかまいなし。スターウオーズなどを放映して盛り上がった。興が乗ると、スクリーンの前で、スターウオーズの電子刀を振り回しながら、画面に映る敵と戦うなどという、参加型の映画鑑賞となったのである。ただし、その時代に電気のコンセントはなかった。あくまでバッテリー持参だった。

ところがいま、電源が当たり前となっている。ならば、電気楽器も持ち込まれるだろうと10年ほど前に予想していたら、予想した本人が持ち込んでいるではないか。予想したころには、まさか自分がピアノを弾くなどと思ってもいなかった。たまにドラマの楽屋で電子ピアノを弾いている若者に、羨望《せんぼう》のまなざしを向けていた。背中に長い洗濯板のようなモノを担《かつ》いでやってくる若者に嫉妬《しっと》していた。アレやってみたい。

キャンプ場でその願いが叶えられた。ポ〜ン。ヘッドホンから、ピアノの音色が響く。振り返れば、今日登った霧島連山が夕陽に照らされている。ピロピロポ〜ン。

高千穂の峰が、朝陽《あさひ》に照らされて山の頂《いただき》が赤く輝くモルゲンロートの夕方バージョン、アーベントロートに染まりはじめている。いましも沈みゆく太陽の残照がつくり出す自然現象を背中に感じながら、習いはじめた曲の指使いにいそしむ。

幸い、外部に音は漏れない。もし漏れれば騒音にすぎない。美しいメロディを奏《かな》でてさえいれば、それなりに鑑賞できるが、へたくそなピアノほど迷惑なものはない。これが完全な初心者ならば、いったいなんの曲の演奏かも分からないので、まだ無視できるのだが、なまじっか練習を重ねて演奏できるようになると、これがいけない。知っている曲が流れている最中に、途中で音が調子っぱずれになると、カクンとなる。メロディがスムーズに流れているときに突然崩れると、夢を壊された気分になる。これが何度もつづくと、「いい加減にしてくれ」と鼻をならす。この気持ち悪さをアレに例《たと》えてみよう。

自動車の運転。ヘアピンカーブなどがつづく道を車で走る。運転者は、どんなにヘアピンだろうが、酔うことはない。しかし、同乗者は油断しているとすぐに酔ってしまう。この理由が、ピアノのへたくそ演奏に似ている。未来予測が成り立たない行動をとっているときに、みずからが動きを主導している場合には、気持ちが悪くならない。それに対し、他人の動き（運転）にほんろうされているときには、身体の器官が音《ね》を上げる。

いま、「音をあげる」という言葉を使った。ようは、耳に関する部分が問題となる。車で酔うのは、三半規管が正常に働かないからだ。三半規管は耳にある。一方、音楽も耳で聞く。

つまり、私がヘッドホンをつけて電子ピアノを演奏していて、その調子っぱずれに腹が立たないのは、自分でヘアピンカーブを運転しているのと、同じ状態にいるからなのだ。この強引な理論武装のおかげで、キャンプ場で平然とピアノを弾いていられる。

遠くのテントで炭の火を熾《おこ》しているキャンパーが、ヘッドホンをつけて電子ピアノを叩いている人物にチラチラ視線を送っている。

「いったいどんな曲を弾いているのだろう？　きっと、超のつく近代的な作曲でもしているに違いない。額《ひたい》に浮かぶシワは旋律《せんりつ》のむずかしさに悩み、ときおり頭をゴンゴンっとみずから叩いている様《さま》は作曲家の苦悩そのものではないか…おっ立ち上がったゾ、どこにいくのだろうか？　スタスタと歩いたと思ったら何かとりあげたゾ…んっ…缶ビール」

不便が好きなんですか？

キャンプ好きだと言うと、よく言われる言葉がある。

「イシマルさん、不便が好きなんですか？」


不便は好きじゃない。むしろ嫌いだ。


キャンプの定義を、《野で食べて眠る》としてみよう。

これは、ある意味、大変なことである。

《眠る》だけでも、クリアしなければならない事柄がごまんとある。

雨露をしのぐテント設営、ペグ打ち、そして寝袋を敷くには床がデコボコでは眠れない。

寒さ対策は、簡単ではない。

意外なのは、騒音。自宅などと違って、野では、いろんな音が無防備におそう。さすがにトラもライオンもいないが、それにまさる音量の車やバイクは通る。

山の上なら、それらは来ないが、その代わり、カミナリはライオンどころではない。

「生きた心地」というワードを噛《か》みしめることになる。


食べるという儀式に近いモノは、キャンプでは、もっとも楽しい場面をあたえてくれるのだが、そのぶん、準備・道具・食材・雰囲気に悩みはつきない。毎回、カレーで済む人などどいやしない。

もう一回ライオンさんに登場願うとして、ライオンさんのように、「毎回シマウマでも構わない」人はいない。猫のように「毎回、猫缶で構わない」人もいない。野良犬のように「毎回あったもので構わない」人もいない。

毎回、違うモノを食べたがるのが、キャンプビトである。


「ええ〜なになにコレ…うまいねぇ〜」

なになにと問うているが、自宅で食べれば、よくある中華だったりする。昨日もレストランで食べたスパゲッティだったりする。野で作って食べるので、感動の喜びの声が出る。

たかがカルボナーラを作るのが、野では大騒ぎとなる。たかが豚肉のラフティが、大ご馳走となる。非常に不便な場所で、それらをつくらなければならない。家庭の台所ではすぐに洗えるが、それができない。マナイタも洗えない。使った油を、その辺に捨てるわけにはいかない。

これらの行為をまとめると、《不便》という言葉でくくられる。

「イシマルさん、不便が好きなんですか？」

当然の質問なのだが、だれが好き好んで不便にとびこむだろう？　不便な場所をなんとかして、便利にしようとするのが好きなのだ。くふうして、なんとか便利を追求する。簡単にしようと努力する。

飯にありつけるまでに何時間もかかるなどは、しない。たとえ雨の中でも、すぐに眠れるようにくふうする。だれよりも《便利》が好きなキャンパーである。

この形を追求したのが、《山小屋》なのではないだろうか。ほうほうの体《てい》でたどり着き、疲れ切った身体で、テントを張ったり、水汲みをしたり、飯炊きをすることをパスしたい。そこに山小屋があったらどうだろう？

・安全
・食事おまかせ
・寝具つき
・重いモノを持ってこなくてよい

いいことづくめである。願いがかなったのである。冷たいビールまで飲めるときたもんだ！　朝は起こしてくれるし、朝飯も昼弁当まで作ってくれる。並みのお母さんでも、ここまではしてくれない。

「えっじゃあ、マイナス要素はないんですか？」

え〜とねぇ…

夜のイビキかなぁ……

（おまえが言うか）

山小屋のピアノ 1 霧ヶ峰

《ヒュッテみさやま》

霧ヶ峰山麓に、いにしえの武将たちが、ウサギやシカなどを追い、弓を射る戦いを見せるためにつくられた《御射山（みさやま）》がある。段々畑のような観客席まで拵えて、おおいに盛り上がった歴史がある。その名前をいただいた、ヒュッテみさやま。冬は水が凍るということで、通年営業できなかったのだが、ある年、小屋の方が井戸を掘りだした。秋の昼、立ちよった私が小屋の中でピアノを弾かせてもらっていた。すると——「出たぁ〜！」外で井戸掘り工事人の方の興奮する声が聞こえる。地下水が噴きだした瞬間だった。ということは、いまでは雪のチラチラ舞う霧ヶ峰に、静かなピアノの音色が響いているのかもしれない。

第2章

山で発見

三ツ峠山荘のご主人

《三《み》ツ峠山《つとうげやま》》　１７８６メートル

山梨県の東側、河口湖畔にある山の群だ。ここに、山小屋がある。その日は表側の三つ峠駅からではなく、裏側から向かった。たどる道は、本来の登山道ではない。山荘まで行く四輪駆動車が通る道である。したがって、山登りとしては、おもしろくない。ただの斜めの道をひたすら登ることとなる。ところが、登っている最中に突然、歌が聞こえてきた。

「♪〜われら男一匹〜♪」

登山道を前方から下ってきたのは自衛隊のレンジャー隊。大きな鍋を持つ人、ものすごく大きなザックを担《かつ》ぐ人、４人でタンカを運ぶ人、ほかの隊員のザックまで担ぐ人。

屈強な若者が、おおぜいで颯爽《さっそう》と下っていった。

歌いながらも、「こんにちは!」良い発声だった。「こんちは」でもなく、「ちは」でもない「こんにちは」…。通り過ぎる風がさわやかだった。

しかして2時間後に、山頂に着いた。さすがに富士山の眺《なが》めは一級品で、裾野《すその》すべてを一望できる。(二級、三級品があるのか、定かでないのだが)

「富士山を眺むならココ!」とばかりに3軒の山小屋が、山頂付近で玄関をひらいている。富士の間近の山で山小屋があるのは、この山域だけだ。そのなかの一軒、《三ツ峠山荘》に靴を脱がせてもらった。小屋のすぐ目の前に、絶壁がそそりたっている。多くのクライマーたちが、この岸壁で練習し、高い山に旅立っていった。小屋の室内の壁には、いまは亡き、長谷川恒男さんの写真がこちらを見て、にっこり笑いかけている。

以前、こちらのご主人の中村光吉さんに、「山カフェ」にご登場願った御礼をかねての立ち寄りなのだが、この山行の目的は、中村さんの絵の原画を見たかったのである。山小屋のご主人でありながら、山の上で油絵を描いておられる。その絵が、色使いといい構図といい、見たことがないような独自のセンスがあり、心打たれるのである。

対象はほとんどが富士山なのだが、なんといっても、絵が明るい。オレンジと黄色の色彩が、眼前の富士を際立たせている。キャンバスの大きさは、100センチ×120センチ以上。これまで何度も個展を催しているそうで、100点以上の作品を生みだしたそうだ。

夕暮れ迫る富士を片目で眺めながら、室内の作品を見ていて、ふと気づいた。

そうか！　山小屋の主人が絵を描いているんじゃないんだ。

絵描きが山小屋をやっているんだ！

トリカブト

《トリカブト》
猛毒の植物である。もちろん食べるのは問題外なのだが、触ってもいけないと言われている。花も葉っぱも茎《くき》も触るなと言われているし、アナタの手のひらに傷があった場合、そこから毒が体内に入るので危ないという警告だ。
そのわりには、この草は山の中で頻繁《ひんぱん》に見かける。とくに秋の季節、紫色の花は美しい。山の案内書などでも紹介されている。山の花として積極的に写真を載せられている。そんなに危ないのなら、ぜひこの植物を覚《おぼ》えなければならないではないか！ 覚えるには、花が咲いている秋がいい機会なのだ。枝豆の花に似て、平安時代のカブトの形をしている紫の花。カブトというより烏帽子《えぼし》に似ている。

「あ～コレが例のトリカブトなんだな」

はっきり分かる。ところが…花が咲いていない季節に、この草の葉っぱを見て、判別できるだろうか？　あまたある下草の中から、トリカブトを指摘できるだろうか？　となると、一年のうちで、覚えられるのは秋しかない！　花が美しいものだから、花だけ見て通り過ぎようとする。そのときに、アナタに葉っぱを見てほしいのである。葉っぱの特徴を心に留めてほしい。

「よし、この形だな」最低、3回はうなずいてほしい。

「トリカブトよぉ～し」、駅員さんのように、指さし点呼をしてほしい。ただし、気合をいれて指さすあまり、近づきすぎて、葉っぱに触らないように。本末転倒という言葉を使われてしまいます。

よし、葉っぱは覚えた。自信をもって、翌年の春を迎える。山中にて、「おっ、トリカブトの葉っぱがあるゾ」、嬉《うれ》しくて指さし点呼する。ところが――

植物というものは、わざとのようにソックリなモノを世におくり出す。

《ニリンソウ》

葉っぱの上に二つの白い花を咲かせる。この葉っぱがトリカブトにソックリなのである。そして悪いことに、ニリンソウは食べられる草と言われている。花が咲いていないときに、「わぁ〜ニリンソウだぁ〜」と野草摘《つ》みをした場合、あまりにもよく似た葉っぱなので、素人《しろうと》には間違いが起こる。実際、私には二つの葉っぱの区別がつかない。

日本国内に毒をもってる生物がたくさんいる。代表格が、マムシとフグだ。どちらも無理して食べなくてもサバイバルでないかぎり、生きてゆける。同じように、ニリンソウも食べなくても生きられる。ちなみにニリンソウは、板橋区の「区の花」である。

もういちど繰り返しておきますが、トリカブトは美しいが猛毒です。アイヌがクマを射止める矢の先にトリカブトの毒を塗っていたと言われているし、『四谷怪談』のお岩さんに飲ませた毒もトリカブトだったと言われている。

そのわりには、秋の日、山道の脇にズラリと並ぶトリカブトの行列やいかに！

立山連峰の雪形

《雪形》　ゆきがた

残雪期に山の中に現れる、形を見て、何かを連想する遊び。白馬岳《しろうまだけ》は、白馬の山の山中に、苗《なえ》を田んぼに植える時期に、苗代《なわしろ》を耕す馬の形が現れることから、代馬《しろうま》と名付け、それが白馬になったそうだ。あくまで、人の想像力が活性化している。

富山県の立山連峰の室堂《むろどう》にいた。７つの交通機関を乗り継ぐ旅をし、室堂を2時間ほど散策した。そんなとき、私の目に、たくさんの雪形が見えた。雪形には、白い部分を見る場合と黒い部分を見る場合がある。ご披露いたしたい。（見えるか見えないかはアナタ次第）

〜まずは、白い部分が雪形の場合〜

右を向いて、ふたりの姉妹が踊りを踊っている。着物を着ているのだが、はげしく動くようすが見てとれる。右側のお姉さんは、何かをささげ持っている。なんだろう？

手から、鳩《はと》が飛び出している。マジシャンの頭には、先に出した鳩が、バタバタ動いている。よく見ると、左側にアシスタントの女性が、手を差し伸べている。

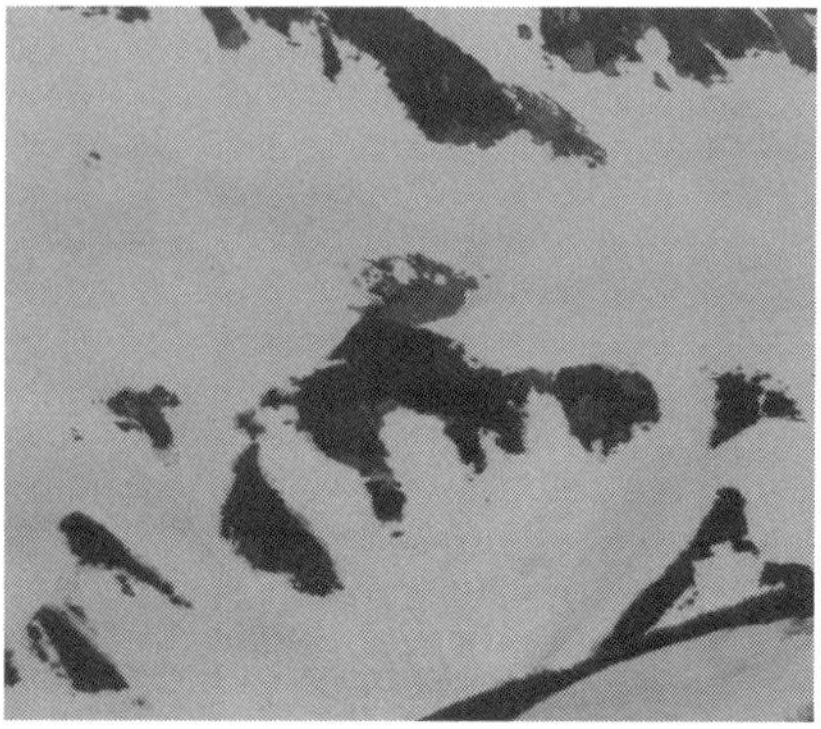
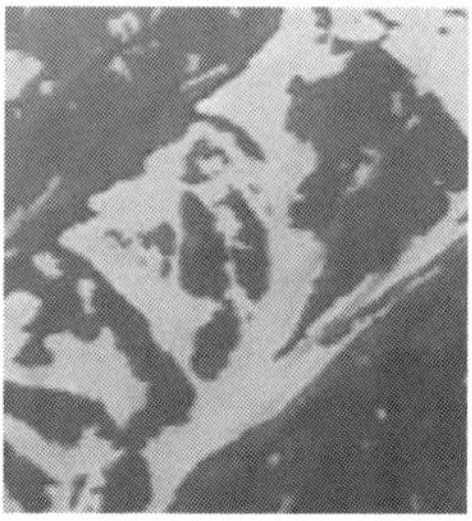

〜次に、黒い部分が雪形の場合〜

少々若いころの黒柳徹子さんが、着物を着て、やや右を向いている。着物は冬用らしく、上品さがうかがえる。首に白い襟巻《えりまき》をしている。膝《ひざ》を軽く曲げたようすなどから、日本舞踊をたしなんだ歴史が見てとれる。

昔々のお話に出てくるお爺《じい》ちゃんが犬を散歩させている。江戸時代のお百姓さん的な着物を着ている。ところが、このお爺ちゃんが、じつは狸《たぬき》だったことがバレたのである。左におケツから飛び出た尻尾《しっぽ》が見えている。それを知ってか知らずか、のんきに散歩している。狸に化《ば》かされているのかもしれない。

右を向いた女性の髪が、風のセイなのか、ビヨー

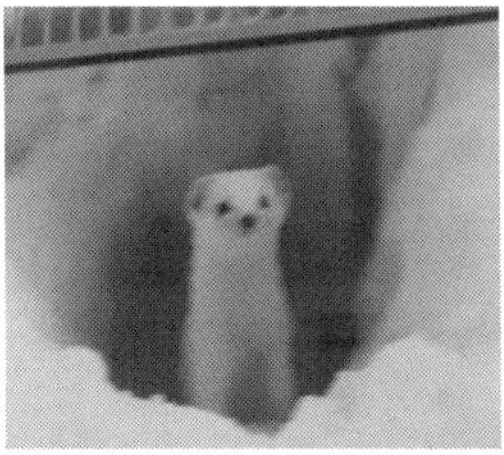

ンと伸びている。下半身の服も、風でぷっくら膨らんでいる。とぼけた様《さま》が、楽しい。

〜では、最後にふたたび、白に戻って〜

《オコジョ》

オコジョの顔が左下を見ている。オコジョを知らない方のために、現場近くに飾ってあった写真をお見せしよう。

ひぐま遭遇

「クマに遭ったらどうする？」。一応、知識は学んでいる。
・走って逃げない。
・木に登らない。
・急に動かない。
そして、二つに意見が分かれるのが、コレ。
A：知らんぷりする。「人間は敵ではないんだゾ」と、知らせようとしている。
B：目を離さない。「人間様は強いんだゾ」と言い聞かせようとしている。
どちらが正解なのか……意見は正反対に分かれる。どちらの意見の人も、ケースバイケースだと、お互いを認めている。

昔から伝わっている《死んだふり》は、Aに属する考え方に近い。近いが、それでクマが関心を失い上手く行ったケースと、クマが、とりあえず引っ掻《か》いて去っていったケースに分かれる。となると、同じAでも、積極的なAの方が良いような気もする。つまり、死んだふりより「知らんぷり」――

知らんぷりさんの、心の中を喋《しゃべ》ってみると、

「クマさんなんか、知らんもんネ、アンタはアンタの道を行きな、こっちはこっちの道を行くのでネ。いまおいらは、秋の紅葉を楽しんでいる最中でネ、アンタに関心ないんでネ」

知らんぷりと言っても、ここで、紅葉を撮《と》るためにカメラを出したり、両手をあげてアクビをしたりと、クマにとって奇妙な動きをすれば、

「おっ、やる気か！」ってなことになる可能性がある。動くのが許されるのは、腰に吊《つ》るしてある、《クマよけスプレー》をゆっくり手に取るくらいだろう。

（えっ、持ってきていない？）

その場合は、突っ立っているのが良い……と言われている。

ときおり、新聞などで、熊と戦って勝った人のお話が流れる。

「空手でやっつけた」

「巴投《ともえな》げで投げたら、逃げて行った」

「大声で威嚇《いかく》したら、逃げた」

これらは冒頭の、B「人間は強いんだゾ」のやり方だ。いかにも勇ましくマネしたくなるが、実際には、できるだろうか？　少なくとも私には、できそうもない。

相手のクマのオスメス、年齢などにも左右されるようだ。一般的には、子供連れの母親は、危ない、若いオスも危ないと言われる。種によっても異なり、本州に生息するツキノワグマは危ない。北海道のヒグマは、比較的おとなしい。やはり、ケースバイケースである。

だから、未然に防ごうと熊鈴を鳴らしながら歩いている。とはいえ、山にくわしい人たちは口をそろえて、おっしゃる。

「熊鈴にクマが慣れてしまって、あまり効果がない」

ん、待てよ。あまり効果が……と言っているのだから、それなりの効果がある、ともとれる。

効果のことを言えば、人数が多いほど、クマに遭遇したときは有利である。単独だと、クマもなめてかかるが、複数だとビビるのは当然だろう。カツアゲが複数で行われることをかんがみれば、クマの心境も推《お》し量《はか》れるかもしれない。

（クマさん、ぼくらがゾロゾロと山の中を歩いているのは、アナタへのカツアゲのためではありませんからネ）

などと呑気《のんき》に他人《ひと》ごとのように話をしていたら、北海道の山で、熊に出会ってしまった。真夏に知床《しれとこ》半島の羅臼岳《らうすだけ》登山の最中だった。谷間の高山の花が咲き乱れるところに登山道がつづいている。黄色や薄紫の花が咲く谷道をウンコラショと、モモを引き上げているときだった。前方６０メートルほどの高所に、なにやら動く茶色黒い動物。すぐにヒグマだと分かった。大きさは、大型犬ほど。道の脇に咲いている黄色い花を、パクリパクリとやっている。っと、左のほうからもう一頭、ノソ〜と最初の３倍ほどの大きさのクマが現れた。おそらく母親熊だろう。子供が花を食べるのを見ている。「ボク花が食べた〜い！」と騒いだ子供を引き連れて、お花畑にやってきたらしい。

パクパク食べる子熊。それを見守りながら、周りをうろつく母親。

さて、２頭を見つけたコチラ。ヒグマ遭遇ははじめてのことで、足が止まる。止まっ

たままでいいのか、頭がフル回転する。（山の中でクマに出会ったら、絶対走って逃げないこと）
　これは守っている。いまのところ、こちらにやってくる気配はない。だからといって、登山者の私が向かう先は、奴らが食事をしている場所だ。そこを通らなければ先へ進めない。そんなときだった。うしろから、ひとりの登山者がやってきた。大きなザックを背負い、山中でテント泊をしながら、羅臼連峰を縦走《じゅうそう》しょうという猛者《もさ》だ。
「待ちましょう」と彼は言いながら、熊鈴をおおきく振りだした。チリ〜〜ン。とても大きな音がする。私もリュックから熊鈴を取り外し、振ってみる。猛者の鈴が教会の鐘の音であれば、私のは猫の鈴の音量。（北海道では、大きな音がする熊鈴が要《い》るのか）
　あっちへ行ってくれと願いながら、鳴らしている。じつは、私は胸のところにとめてあるバッグからデジカメを取り出し、映像のボタンを押し、録画をしていた。同時に右手で、録音機を取り出し、実況中継もしている。つまり、映像と音を同時に取った。そのときの喋りをちょっとだけ実況してみよう。
「え〜、前方にクマの親子が花を食べているようです。大きさは、大型犬の3〜4倍くらい、体重は300キロほどもあるでしょうか、少なくとも小錦より大きいです…色は黒いです。母親とみられる個体が岩の上に登ったり、渡ったりしてますネ。熊は犬より鼻がいいといいますから、こっちに気付いているでしょうネ。クマよけスプレーはリュックの中ですから、いざとなったら、間に合いませんネ、バカでした。ヒグマは、時速60キロのスピードで走ると、ヒグマ漁師の姉崎等《あねざきひとし》さんが《クマにあったらどうするか》の本の中で語られていましたから、この距離は近いといえますでしょうか…」

のんびりとした実況が15分ほどすると、2頭は、いつのまにかどこかへ消えた。鈴を鳴らしながら、登山を再開した。猛者さんによれば、個体のおおきなヒグマは、余裕があるのか、意味なく人間に襲いかからない、のだそうだ。とはいえ――

その日の夕方、山を降りた登山口のところで、ひとりの男性が、怯《おび》えた表情で語ってくれた。

「突然、登山道の上から鹿が、ズド～ンと落ちてきたと思ったら、つづいて、ヒグマがドダ～ンと現れ、ガバッとこっちを向いて、鼻息をフゥ～と吹いて、すぐに鹿のほうに向かって、ドドド～と去っていったんですヨ！」。よほど怖《こわ》かったのか、擬音を連発していた。良かったネ、フゥ～で済んで――

たっちゅう

台湾などに旅をすると、昔の農民がかぶっていた、カヤでつくられた笠帽子を目にする。肩まで隠れるまん丸で、テッペンは尖《とが》って天を突いている。いまやお土産《みやげ》として売られているソレは、雨も日射しも防いでくれるありがたいモノである。

「なにかに似ているナ」。沖縄北部を旅しているときに、つねづね頭の隅に浮かぶ島がある。台湾の笠帽子に形がよく似ている。遠くから見ると、島の真ん中に天を突くような尖塔《せんとう》がそびえ、紡錘《ぼうすい》形の先端にむかって島が弓なりの立ち上がりをしている。横から見ると三角形ではなく、級数のグラフのように、上に行けば行くほど傾斜がはげしくなっている。いったいこの島は、いやこの山はどうなっているのか？　疑問が湧《わ》いた。行かいでか！

那覇の港から、鹿児島行の大型フェリーに乗り、本部《もとぶ》港で降りる。その港で中型フェリーに乗り換え30分。着いた島は、《伊江島《いえじま》》。降りた目の前に、レンタル自転車屋があった。ギア付きのママチャリを借り、こぎだす。気温22度、季節は冬。さわやかな風があと押ししてくれる。

島には縦横無尽《じゆうおうむじん》に道が走っている。地図は持っていない。理由は簡単。どこからでも、真ん中の標高172メートルの尖った山が見えるので迷いようがない。名前は「城山《ぐすく》」。高いビルも、樹木の森もないので、つねに「ぐすくやま」が見えている。こんな山を見たことがない。台湾の笠の、広がった緩《ゆる》やかな部分をチャリが快適に走る。

まずは、登山道入り口を見つけなければ――反時計回りでママチャリをこいだ。ヤギがメエェェと鳴く。郵便屋さんが、バイクで抜いてゆく。島一周グルグル回りは、「ぐすくやま」のテッペンにヒモを結び付けて、こいでいる自転車と繋いで走れば、こうなるだろうというグルグル。

やがて「ぐすくやま」の北東に坂道を見つけた。舗装道路はしだいに急坂になる。うんせうんせ。登山口の前ですでにゼイゼイ息を弾ませているなど滅多にない事態。ある意味、よいアップ運動である。さて、いよいよ登山。

ん…小学校低学年の女の子が上から降りてきた。（こんな小さな子が登る山なのだろうか）

岩峰がそそりたち、へたをするとロッククライミングになるだろうと、それなりの服装と装備で挑んでいる私。ザックには、非常用ロープもぶら下がっている。ヘッドランプにホイッスル、いざというときのビバークテント！　と…アレッもっと小さな女の子が降りてきた。

「何歳ですか？」

「さんちゃい」

さんちゃいの子供が登れる山だと、登山口で知った私。重装備が気になる。まあいい、ライオンはウサギを捕まえるにも全力でというではないか。ここからてっぺんまでは、アナタが登るときのために言わない。楽しみは奪いたくない。

「おお〜この眺めはなんということか！！」山頂で爽やかな風を受けていた。これまで山の頂上で、《360度の眺め》を何度も口にしてきた。その言葉は、この山でこそふさわしい。なんたって、島のすべてが見渡せる。

島内には原生林の森はほとんどない。畑や貯水池がパッチワークになっている。そして海岸線がクルリと丸く海を切りとり、そこから先は、青々とした大海原がひろがっている。標高１７２メートルと、さして高さを威張れないが、地球の海のてっぺんに立っている感が湧く。東側につらなっている沖縄本島が城壁のように見える。てっぺんに、寝そべるような平地はないのだが、石灰岩《せっかいがん》の白い岩の上に片肘《かたひじ》をついて、いつまでも眺めていた。帰りのフェリーまで、まだまだ時間がたっぷり…この山は、地元では、《たっちゅう》と呼ばれている。

伊江島の「たっちゅう」のテッペンで、食べたいモノがあった。本部半島のスーパーで売られていたモノ、《アグーの肉まん》。アグーとは、沖縄の古代豚である。色は黒く、体格が良い。肉質は、弾力があり、旨《うま》みは優れる。アグー人気は高く、以前より頻《ひん》繁《ぱん》に目にするようになった。那覇に行くと、アグーの店に立ち寄るのを楽しみにしていた。アグー肉の鉄板焼きである。

語感も口に出してみれば分かるが、うまそうな響きがある。いまは亡き志村けんさんをマネて、アゴを突き出して喋るとその語感は倍化する。「アグー」

テッペンで、アグーマンを手に取る。空にかざしてみる。麓《ふもと》にひろがるパッチワークの畑や町並み。海岸線の先の青々とした海、さらに海を映した空の青に向けて、いかにも旨そうなアグーマンを差し出す。リュックに入れられていたため、ぺちゃんこになっているアグーマン。ちょびっとだけ、中身を見せびらかしている憎い演出アグーマン。もちもちの皮を掴《つか》んでいる指がきもちいい。

かぶりつく。ガブリッうふぁ（しばし呆然）これは、主食であり、オカズであり、デザートでもある。完全食に近い。あまりの旨さに、５口ほどで「たっちゅう」のてっぺんから消えた。

なぜ一個しか買わなかったのかと悔しがる自分に知らしめようと、両手をパーにして海に向かってつきだす。海の青さに手が黄色く染まった。

アサギマダラ

《アサギマダラ》

蝶の名前だ。浅葱《あさぎ》色とは、青緑色の古《いにし》えの言い方である。アサギマダラは春に南の島から渡ってくる。鳥が渡るのは、バサバサと羽を羽ばたかせるのでイメージが湧くが、蝶も海を渡る。あのヒラヒラで、何千キロという距離を飛んでくる。そのイメージがつかみにくい。自分が蝶になっていると無理やり想像してみると、考えただけで疲れる。身体よりはるかに大きな羽をバタンバタンと動かす操作は尋常ではない。ライト兄弟が「鳥になりたい」と言ったそうだが「蝶になりたい」と言わなかったところからみても、その難儀のほどが知れる。ヒラヒラをやりつつ、何千キロ…

アサギマダラは、登山者には喜ばれる。高山植物の花を見ていると、そこに飛んでき

て、彩りを添えてくれる。

とはいえ、蝶々をカメラにおさめるのは、難儀きわまりない。ピントの合わない被写体ナンバーワンかもしれない。いくらお宅のリスが動き回って撮れやしないと嘆いても、蝶々の比ではないだろう。

その日、蔵王《ざおう》のお花畑の中にいた。高山植物《コバイケイソウ》の薄緑色の大群落を眺めていたところ、視界のはじからアサギマダラが飛んできた。めったにない恰好《かっこう》のシャッターチャンス！　カメラを望遠にして追いかけまわしシャッターを押していたところ、ふと、右肩の近くに何かいる。すると…40センチと離れていないコバイケイソウの花にとまっているではないか！

望遠なんか要《い》らない、触《さわ》ろうと思えば触《ふ》れられるところで、その美しい羽根をパタパタさせている。

なんという幸運！　差し出されたかのような美しきモデル。震える指先でシャッターを押させていただく。そこは敬意を表し一枚だけ写真を撮り、カメラを下ろしジッと見つめてみた。なんせ間近で観察できることなどめったにない僥倖《ぎょうこう》。

浅葱色の羽の部分は透き通り、よくよく見れば、向こう側の景色が透けている。透ける羽の色は、青というより紫の染料を限りなく薄めたあげくに、一滴だけシジミ貝の表面の色を足した感がある。マダラと名の付く動植物あまたいるなかで、秀《ひい》でた美しさが映《は》えている。日本のユカタのデザインのために「アサギマダラを見に山へ行く」という方すらおられる。その気持ちが分からんでもない。

何千キロも飛んできて、ふたたび何千キロも飛んで帰ってゆく。西から飛んでくるのは偏西風に乗ってこられるが、帰りは逆風なので大変だと思うのだが、酷暑嫌いな彼らは、どういうわけか長い年月で培ったDNAが、奇妙な渡りを成し遂げられるように進化させたようだ。おかげで、日本の夏の山のアサギマダラ好きな人びとにこの上ない楽しみを与えてくれている。

浅間山のガトーショコラ

浅間《あさま》山《やま》へは、何度か登っている。しかし、残雪期に行くのははじめてだった。

４月の中旬、スノーシューという洋カンジキを履いて、登山口から歩き出した。目的地は、《黒斑《くろふ》山《やま》》２４０４メートル。浅間山の西側を取り囲む外輪山《がいりんざん》の頂きである。たどり着いた先にあったものが、私をおおいに驚かせた。あまりのことに、しばらく声が出なかった。夏から秋にかけて、濃い茶色になる浅間山。チョコレート色というのが正しい。その山が冬は雪で真っ白になる。その後、３〜４月にかけて降った雪が残る。その残り方が、ほかでは見られないような模様をつくりだす。

浅間山は、噴火を繰り返している若い活火山である。プリンのような形をしている。そこに雨が降ると、プリンの表面に雨の流れるスジをこしらえる。いったんできたスジ

は少しづつ深くなる。といっても深さ1メートルあるかないか。このままほおって置けば、遠い将来、富士山のような深く広いスジができるだろう。

そして4月、フォークでプリンに描いたようなスジに雪が溜まり、まわりの雪が溶けても、スジだけ白く残る。さらには、ところどころに穴ぽこのような箇所があり、放射状に凹みができ、当然その凹みにも雪が残る。さあ、全体像を遠くから眺められる黒斑山の頂から眺めてみよう。

《ガトーショコラ》

巨大なケーキが目の前にある。チョコレートケーキの土台に、てっぺんから練乳を垂らし、凹みの残雪は粉砂糖。まさにガトーショコラ！　その量に圧倒される。おそらく、世界中の人がスプーンですくっても食べきれない。地球の人類全員にふるまえる大盤振る舞い。

黒斑山のてっぺんの雪の上に座り込み、持ってきたスプーンを、ガトーショコラに向かって差し出す。

シャクシャイン

神奈川県の湯河原《ゆがわら》に幕山《まくやま》という山がある。そこは、２月〜３月にかけて、梅の名所となる。白梅紅梅が、「春よ来い」とばかり咲き乱れ、メジロがとびまわり、ウグイスの歌はじめとなる。まだヘタクソな鳴き方のウグイスが、「ふぉ〜キョ」と勉強鳴きするのを聞きながら、梅園の中を、リュックにロープの束を乗っけて登ってゆく。

この山には、むき出しの岩が林立している。樹木に阻《はば》まれて見えにくいが、目を凝《こ》らして見れば、そっちにもあっちにも灰色の岩がそびえている。そう、ここはフリークライマーの大好きな場所なのだ。大好きを標榜《ひょうぼう》する私も、幕山の壁にいた。梅の林の中を、さほどウンセウンセと登らなくとも、高さ１０〜２０メートルほど大きな岩が大量に立ち並んでいる。まるで土の中から掘り出されたような趣で建っている。クライミング好

きなだれかが想像力をこらして建設したかのようである。

それらの岩のほとんどに、フリークライミングのルートがある。フリークライミングとは、登るための器具を使わずに、人間の身体だけを使って岸壁を登る遊びである。とはいえ、途中で落っこちると、生死にかかわってしまうので、テッペンに、確保点という金属を打ち込み、そこにロープをかけて自分につなぎ留め、落下防止だけをして登る。幕山公園の幕岩には、クライマーたちが40年以上の年月をかけて挑み、登り切ったルートに名前を付けてきた。初登《しょとう》した人が名前を付けてよいルールになっている。大きな岩の塊自体にも名前が添えられている。

《アリババ》《ガリバー》《シンデレラ》などなど、夢あふれる銘々がおもしろい。ただし、現地には立て札などない。あくまで、クライミング用に出版された本などで紹介されているか、ネットに書かれてあったりするだけ。なにも知らずに訪ねていっても、ルートの名前はわからない。とはいえ、岩に、固定リングボルトを打ってくれている。カラビナを掛けるための銀色の「オッケー」のような穴があいた金属をたどれば、ルートのテッペンまで登ることができる。

平日でも、フリークライマーで賑《にぎ》わっている。岩登りをしたい人たちは、冬の間は岩が冷たいので、暖かい場所を求める。その点、幕岩は伊豆半島の付け根にあり、おまけに山の南面なので、お陽さまが当たると暖かく、ポカポカの恩恵を受ける。

「テンション！」岩場で声が響いている。「ロープを張ってくれ」とビレーヤー（確保者）に伝えているのである。っと、岩に登っている最中に、下方の梅の花の中から低い声がかかった。

「イシマル君、何をやってるんだネ？」

見おろすと、役者の伊武雅刀《いぶまさとう》さんが、トレードマークの毛糸の丸い頭巾《ずきん》をかぶり腰に手を当てて仰ぎ見ている。岩をつかみながら甲高《かんだか》い声で答える。

「見てのとおり、岩登りですヨ」

「危ないからやめなさい」

「伊武さんこそ何をしているんですか？」

「見てのとおり、梅見物だよ」

「登りませんか？」

「んな危ないことできるもんか」

伊武雅刀氏のブルブル響く低音と私の高音が、シンフォニーよろしく岩場に共鳴していた。

この幕岩に私が魅せられ、何度もチャレンジしたルートに名前がついている。《シャクシャイン》アメリカの先住民族の酋長の名前である。名前の響きが、美しい。幕岩は、クライマーたちが、４０年以上の歴史のなかでさまざまなルートを切り開いていった。切り開くとは、だれも登ったことのない岩壁を、手と足だけで登り切るのである。たくさんあるルートのなかで、私が果敢に挑んだのが、《シャクシャイン》。

難易度を表す表記は――《11ａ》（イレブン、エー）と読む。（難易度は、数字が大きくなるほど難しく、アルファベットが後ろになるほど難しい）高さは、１８メートルほど。ほぼ垂直の岩塊。初級者には近寄りがたく、上級者にはなんてことないルート。

1回目のチャレンジ。中間部の難所で、落下した。落下とは失敗という意味で、岩場に叩きつけられるわけではない。ロープに支えられ、ブランブランとなる。ロープに頼らずにテッペンまで登り切らなければ、失敗とみなされる。

じつは、チャレンジ2回目の前に、埼玉県の加須《かぞ》市のクライミング大会にもエントリーした。コンペと呼ばれる国体の予選も兼ねた大会だった。人前ならば、役者魂が発揮されて、尋常ならぬチカラが出るだろうと奮《ふる》い立ったのだが、しょせんチカラ不足で一回戦で消えてしまった。実力と奮い立つチャレンジのココロは、必ずしも一致していないようだった。

諦めきれない私は、クライミングの友人に助けを請い、シャクシャインの登り方を教授してもらった。

しかして、2回目！　多くの友人たちの手助けと励ましもあって、見事てっぺんまで上り詰めた。感激のひとときを岩の上で味わった。てっぺんの風はここち良かった。

そして、シャクシャインのレートは、いまでは《10d》となっている。《11a》からワンランク落ちたのである。たぶん…わたしごときが登れたので、ランクが下がったのかもしれない。

その20年後、事件は起きた。岩場から真っ逆さまに落ちたのである。同じく梅の花咲く2月のある日、幕岩の岩場に大きなザックとロープを背負い、ヘルメット姿の私がいた。仲間と岩から岩へと渡り歩いていた。

ある岩のルートを、上部の確保点にロープを結んで降りようとしていた。身体を岩から外にそらし、足で岩を蹴ろうとしたそのときだった。

ふっ…体重がなくなった。自分で結んだロープがほどけたのだ。そこからの数秒間をよく覚えている。なぜか、このときだけヘルメットを脱いでいた。背中には45リットルのザック。身体をピンと伸ばした状態で岩に立っていたため、マッチ棒のような一直線の私のからだは、弧を描くように倒れてゆく。やがて、登山靴が岩から離れる。頭のてっぺんを真下にして、フリー落下がはじまった。降りる前に、高さを8メートルと目測していた。8メートルの自由落下に要する時間は、2秒ほど。

幕岩というクライミングの岩稜地帯は、柱のように立つ岩峰群の下は岩盤が並んでいる。ふだん、ビレイヤー（確保者）は、その岩盤の上に立って、登る人や降りる人を確保している。ということは、フリー落下すれば、固い頭と固い岩が激突するとだれでも想像できる。8メートルとは、マンションの3階のベランダの柵の高さ。そこから後ろ向きに頭から落下したらどうなるか？

ドォ〜〜〜ン　大きな音がした。岩の上にいる人も、下部のほかの岩でクライミングをしている人たちも全員が、音の発生源を見た――長い間見ていた。

テレビドラマでこういうシーンがあると、すぐさま悲鳴があがり、駆け付ける人がおり、「救急車！」という大声が岩場に響く。ところが、シ～～～ン――。梅林に鳴いていたウグイスまでもが、口をとじた。どのくらい時間がたっただろうか……最初に動いたのは口をつぐんでいただれでもなく、落下した本人だった。しかもあろうことか、むっくり立ち上がったのである。いったい何がおきたのか、みなは現実離れした状況を掴《つか》みそこねている。

「え～とぉ～大丈夫で～す。なんともありませ～ん。」

周りに聞こえる音量で、落下ビトの声がひびく。驚きで声もでない仲間は岩の上で、口に手を当てたままだ。

さあ、いまここまで読み進めてきたアナタは、こう考える。

「マンションの３階のベランダの手すりから後ろ向けに立って、そのまま倒れて落下したら、助かるはずがない。助かったとしても立ち上がって喋《しゃべ》るひとなどいない。なにかトリックがあるハズだ」

ではお答えしましょう。ここまで語ったことはすべて真実なのだが、二つだけ、語っていない部分がある。まずひとつ目。

岩場の下はすべて岩盤だと述べた。しかし、なんということだろうか……広大な岩場地帯の中で私が落ちた真下だけ、畳1畳ほどが土だったのである。しかもその上に落ち葉がふんわりかけられており、程よいクッションになっている。そして二つ目。

落ちると気づいた私は、すべてがスローモーションに感じはじめる。頭が岩にぶち当たる未来を思い描く、その刹那《せつな》、首を亀のようにすくめる。すると背中が丸くなる。背負っているザックが背中に応じて頭の方にずり上がり（ずり下がり）、頭部を守る形となる。そしてここが肝心なのだが、以前岩場から落下した人の文章を読んだ記憶があり、その日は、ザックのいちばん上の部分に柔らかいフリースやダウンジャケットを詰めていた。落下して助かった人がそうしていたという記述をマネたのである。

ドス〜〜〜ン
じつは私は体が柔らかい。それは足がとても広く広がるとか、前屈がものすごくできるとかではなく、関節などが柔らかい。性格は犬なのだが、猫のようなグニャグニャした身体つきをしている。落下した衝撃を柔らかい身体と頭部にある緩衝材《かんしょうざい》（フリースなど）が受けとめ、なぜか奇跡的にココにだけあった1畳ほどの土と枯れ葉のおかげで、九死に一生を得たのである。ほとんど運としか言いようがない僥倖《ぎょうこう》。

「だいじょうぶで〜す」のんびりした声が耳に届いても、だれも声を発しない。ありえないモノを見てしまった驚きと、ひょっとしたら即席幽霊を見てしまった恐怖に、目の上下左右が同じ大きさになったままだ。

こういう日は、すぐさま道具をたたんで家に帰るというのが相場だ。しかしながら私は、その後もクライミングをつづけたのである。なぜか？　ここで帰ったら、一生岩を怖がると思ったからである。

山小屋のピアノ 2 天狗岳

《黒百合ヒュッテ》

花の名前がつけられた珍しい山小屋。７０年ほど前に始めたのは、現在の小屋主のおばあちゃん。まさか自分の息子がピアノを山小屋に持ち上げるなど思いもよらず、天狗岳に登りにくる登山者にご飯をつくりつづけてくれた。亡き夫の「山小屋をこの場所につくるんだ」という意思を継ぎ、トンテンカン。まさか、この小屋でコンサートがひらかれる未来は予想されるハズもなく、登山客を迎えつづけた。よもや、フルートやバイオリンやギターまで持ち上げて演奏してくれるようになるなど、思いもよらなかったに違いない。いまでは、ピアノの奥から発見されたトランペットを、小屋番さんが見よう見まねで吹いている。

第3章 きびし〜い

斜里岳登山

《斜里岳《しゃりだけ》》　1547メートル

山登りというのは、登山靴を濡《ぬ》らさないように登ろうと努力する。靴底が濡れれば、滑る。滑ればコケる。事故となり、ヘリの出番。だから、滑ったり転んだりの可能性のある沢登りは、エキスパートのみに好まれる。ところが――

日本百名山のなかで、斜里岳だけは、沢を登らせる。水がザーザーと流れる急斜面の激流を、登らせる。「登らせる」という言葉が変ならば、「登ってもいい」と薦めている。川の岩を伝って川を横断する。これを《渡渉《としょう》》という。斜里岳の渡渉の幅はたったの数メートルなのだが、落ちたらズブ濡れ。ケガをするやもしれぬ。何回、川の反対側に渡るか、数えきれない。縫物《ぬいもの》教室でいうところの、ジグザグ縫いの連続である。

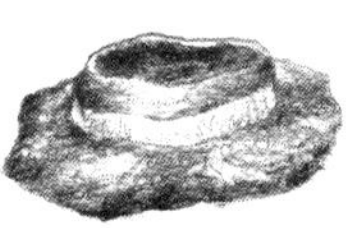

この行為が好きか嫌いかは人による。私は大好きの人である。《渡渉》とは、必要だから、川の反対側に渡ることをいう。基本は、飛び石渡りなのだが、石と石が極端に離れている場合、流木をかけて、その上を歩いて渡る。《冒険》の文字が浮かんでくる。冒険であるからには、落ちたらただでは済まされない。ふだんの山登りでは味わえない興奮がココにある。

小学生六年生の登下校の際、川の向こう側にある学校に行くには、遠くにある橋を渡らなければならなかった。真面目に橋を使うと、かなりの遠回り。最短距離は目の前の川を渡ればいい。

そこで、ランドセルを背負ったけんじろう君は、幅３０メートルの川を、石から石へ走って渡ろうとした。とはいえ、落ちればランドセルはドボン。教科書が濡れる。ではどうやって落ちずに向こう岸まで走り通せるか？　石をよむ。乾いた石、濡れた石、動かない石、なによりも石と石の距離。すべてを瞬時によみとり、スタートする。問題はもっとも流れの速い場所の石と石が、一か所かなり離れているのだ。間隔がそこだけ広い。もしその手前で立ち止まれば、《立ち幅跳び》では届かない。つまり、スピードに乗ったまま走りつづけなければクリアできない。

用意、スタート！　けんじろう君はリズムに乗って走り出す。ピョンピョン、ぴょぴょんピョン。結果、いちども落ちることなく、その小学校を終えたのである。（校則には、「川を渡ってはいけない」と書いてあった）書いた先生も昔、落ちながら渡っていたらしい。そのとき（私はこれに向いている）ハタと気づいた。

と、いうことで、この斜里岳の石渡り登り。素晴らしい！　登山道が滝に近い、いや実際二度ほど滝の部分を登ることもあり、興奮する登山となった。ところが……

この日は風が強かった。楽しい川渡りが終わり峠《とうげ》に出た途端、20メートルの風が吹き荒れていた。「測ったんかい？」と問われると、「計測器は使ってない」と答える。ウインドサーファーの私は、なぜか風速が分かる。2メートル単位で風の強さがよめる。実際、計測器で測ったことも何度かある。

「12メートル」つぶやいてから、計測器で測ってみると、果たして、「12メートル」「18メートル」、これも、「18メートル」

30年も風で遊んでいれば、体感的に分かるようになる。海の上で分かるのではなく、山でも分かる。風速が、１５メートルから８メートルに突然おちるのも分かる。つぎの瞬間に、１２メートルに強まったりする。ウインド用語で、《ガスティ》と言う。風に慣れていない人は、風を怖がる。慣れてくると、ガスティがよめるので、怖くない。山のどういう場所の風が強くなるのかが、よく分かる。もっとも強い場所は、峠である。鞍部《あんぶ》といえば、分かりやすい。標高が凹んでいる場所は風が集まり強くなる。なおかつ、峠は下から谷を、空気が駆けあがってくる。当然、ほかの場所の数割強い風になる。

「いちばん強いのは山頂じゃないんですか？」

よく質問されるが、それは違う。凹んでいる場所が強ければ、とびだしている場所は弱くなる。とはいえ、樹木がなく剥き出しなので、それなりに強い。

この日の斜里岳は峠で、瞬間２０メートルを越えていた。（１８メートルからが台風と呼ばれる）

頂上でも、１５メートル。ただし、気温が高く、寒くない。頂上直下で汗をかいたティーシャツを着替え、長そでのシャツだけで凌《しの》げたのである。

これだけ風が強ければ、雲が同じスピードで飛んでゆく。まわりが、真っ白になって展望がなくなった10秒後に、はるか遠くの山が見えたりする。オホーツク海の青さに驚いていると、ほんの数秒で、なにも見えなくなる。そして、下山中におもしろい場所を見つけた。

《熊見峠《くまみとうげ》》

峠なのに、そのあたりではもっとも高いピークだった。ゆえに、下界がすべて見渡せたのだ。広大に広がっていたのは、《清里町《きよさと》》。おりしも麦畑の借り入れ時期と重なり、麦色の畑と緑の畑が、美しいパッチワークとなっている。下山後、町中に大きな看板を見つけた。

《日本でもっとも美しい町》

利尻岳

《日本百名山》深田久弥《ふかだきゅうや》氏が書いた名作として名高く、多くの登山者が、100の山にチャレンジしている。私も、チャレンジこそしていないが、先日数えてみたら、70近くの百名山に登っていることが分かった。

さて、そのなかでもっとも北に位置する山が、北海道の利尻《りしり》島の《利尻岳《りしりだけ》》1721メートル。《利尻富士》の名前ももつ。

この山は、100名山のなかでも、最後に登られたりする。もっとも南に位置する屋久島《やくしま》の、《宮之浦岳《みやのうらだけ》》と双璧である。90を超える百名山を走破したと豪語する方も、この二つがどうしても残ってしまう。理由は、日本列島に存在する位置だ。そうそう簡単に行ける場所ではない。

時間もお金もかかる。しかも、どちらの山も登山口から頂上までの距離が長い。孤島という条件があるため、登山口が海辺に近い。どうしても、歩行距離が長くなる。いわゆる累積標高差というヤツだ。

たとえば、百名山のなかで、《乗鞍岳》。北アルプスの南に位置するが、バスで8合目まで行ける。3000メートルを超える山なのに、だれもがピクニック気分で、出かけられる。その正反対なのが、南北にある二つの山だ。

まずは北の横綱《利尻岳》に登ろうと思い立った。7月の上旬は高山植物の花が咲き乱れているというではないか。標高1721メートルと、さほどの高さでないのに、本州の3000メートルの山に匹敵する高山の花が咲いているらしい。夏場は、観光客もどっと押し寄せるため、ホテルなどが満杯になるというではないか。

利尻島にはフェリーで渡る。旭川空港で借りたレンタカーごと乗り込んだ。ちょっと待て、旭川とは、ちと離れているのではないか？　じつはその前日、大雪山の旭岳を登ってきたばかり。その足で、広い北海道の道をグングン北上してきたという次第。

思いのほか利尻の港に早く着いたので、島を一周してみる。こういう場合、アナタはどちら周りをするだろうか？　私は、どちら周りが好きかとは、訊《たず》ねていない。するかと問うている。

車の運転の場合、運転手は車の右端に座っている。すると、どうしても左側をチラチラする傾向がある。そのチラチラの方角に見たいモノがつねにあれば、なお良い。つまり、利尻富士の姿がいつも左側に見える回り方。それが、反時計回り。

あるいはこういう言い方もある。

アナタは右利きですか？　右利きの場合、左方向を見るのが、楽。どういうことか？　ゴルフと野球をたとえに使おう。クラブやバットを振ってボールが飛ぶ方向は左である。必ず、左方向を見ている。ゆえに、そちらに身体をひねるのは簡単だ。そういうふうに右利きの体ができてしまっている。

試しに右に首をひねろうとすると、違和感が生じる。

「ええ～そんなことないヨ～」と唇を突き出した右利きのアナタに、たしかめていただきたい。トイレの便座に座っているとき、どこを見ているか？　なにげなく左方向に視線を送っていないか……おっと、利尻島の話が進まないではないか！

時は、初夏、南から梅雨があけ、しだいに北海道が、うっとおしい季節になるころ、《究極の晴れ男》を標榜《ひょうぼう》する私がやってきた。ということで、なんとも気持ちの良い晴天となった。7月の上旬は、高山植物の花の宝庫といわれる利尻島。ところが、この島は海抜の低い町中でも、花にあふれている。長い冬の間、雪に覆われている残念感を払拭《ふっしょく》するかのように、花、花、花の饗宴である。

そのなかで、黄色い花が目に付くので、近寄ってみると、見た目は、《タンポポ》である。しかし、茎《くき》の部分がやたら長い。長いものは、50センチを軽く超えている。黄色の花が空中に浮かんでいるように見える。この花は外来種の《ブタナ》だと町の人に教えてもらった。ゴッホがこの地にいたならば、ヒマワリではなく、ブタナを描いたのではないかと、想像してしまう。

特筆したいのは、キャンプ場。テント場が黄色いブタナに埋もれている。50センチほどの高さにブタナの花々が浮かんでいる。そこに三角形のテントがプカリ、あっちにもプカリ。信じられない光景に、テントの横で、食事の準備をしていた女性にご挨拶をすると、

「ええ〜夢の中にいるようで…」そして、お隣りのテントでも、

「これって天国ですよネ、天国は黄色かったんですネ」

さて、歩き出しは2合目登山口、標高２００メートルちょっとから歩きだす。３合目に湧き水があった。

《甘露泉水》かんろせんすいと読む。行きがけになにげなく少しだけ口に含んだこの水が、のちに私の記憶をおおいに刺激することになる。

利尻登山には、水を最低2リットル持ってゆけと、案内書に明記してある。たしかに見た。しかしながら、北の最果ての地、涼しいだろうとタカをくった。１５００メートルの標高差を登るには、リュックを軽くしなければと、そっちに比重を置いた。そこでペットボトルをリュックから下ろし、１リットルだけ持ったのである。

さてさて、楽しい登山はつづく。利尻富士と名乗るだけあって、行程が長い。登っても登っても、つぎの合目が出てこない。６合目あたりで森林限界を超え、陽射しがまともに照りつけるようになる。振り返れば、青々とした日本海と遠くに浮かぶ礼文《れぶん》島。

なんやかや、8合目にたどり着いたところで、水がほとんどなくなった。水を余分にどころか、想定の半分しか持ってこなかった。そういえば泊まっているキャンプ場の支配人がのたまっていた。

「この時期、晴れることは滅多《めった》にありませんが、今日の晴れはめずらしいです、アハハ」

晴れ男は喜ばしいといわれるが、暑いではないか！　水が足りない。ど、どうすればいいんだ？

やがて、9合目にたどり着くと、標識に文字が書いてある。

「ここからが正念場！」。すでに正念を据えているというのに、追い打ちをかけられる。その文字のとおり、モモをあげっぱなしの急登となった。ゼイゼイはぁはぁ…なのに水がない。

そして念願の頂上にたどり着いた。万歳をしたいのに、水のことばかり考えている。景色を楽しむ余裕がない。周りを見ると休んでいる登山者たちが、水をゴクゴクとおいしそうにふんだんに飲んでいる。勢いあまって口からこぼしたりしている。なんと頭からかぶっている人までいるではないか！

「あれぇ〜、3合目で汲んできた水がまだ冷たぁ〜い！」

大きな水袋をみせびらかしている。あまりに冷たいので水滴まで付着している。（3合目？　あの甘露泉水の水かな）顔をそむけて見ないようにした。見ると、きっと物欲しそうな眼つきの人間となるに決まっている。唾《つば》を呑《の》み込もうとしたが、あまりにもカラカラでゴクンができない。唇の上下が引っついて、ネチャネチャしている。ダメだ、すぐに降りなきゃ……

お日様が真上でカンカン照らしつけている。晴れ男のセイだ。頭の上からタオルをかぶり、暑さをしのごうとする。１５００メートルの標高差を一気に降りるのは、登山としてはつらい。日本の山道では、そうそうあることではない。登りよりははかどるが、それにしても水に対する想いはつのる。砂漠で水を求めている徘徊者《はいかいしゃ》の気分になる。

８合目まで降りてきたものの、「もう水なしでは歩けない…」なんて、弱音を吐いてはならない。自業自得《じごうじとく》とはよく言ったもので、自分がまいた種だ。あと5合分降りなければ水はない。登りで見た、３合目のアノ「甘露泉水」水場がなんども浮かんでくる。

声にも出してみた。

「みぃ～ず、みぃ～ずぅ！」

声に出してみても、なんの慰めにもならなかった。頭の中が、水だけの世界になる。

そういえば、こんなに水を求めたのは、いつ以来だろう？

中学生で野球部だった夏、炎天下のなか、何時間も一滴の水すら与えられずに、球拾いをしていた。あまりののどの渇《かわ》きに、場外に出たファウルボールの捜索に他人《ひと》んチに入り込み、花壇の濡れた土を体の露出した部分になすりつけたものだった。

あのとき以来じゃないか。そして、そのときのことを思い出すとさらに、苦しくなる。人は苦しいときに、もっと苦しいことを思い出してはいけない。楽しかったこと、おもしろかったことを考えなくてはいけない。「あんなに苦しかったときに頑張ったんだから、これくらい」などと言って人を鼓舞するのは間違いだと悟る。

7合目まで降りてきたころ、グラリと転んでしまった。そういえば、さっきからよく転ぶ。山であまり転ぶことのない私が、すでに3回、転んでいる。これはおかしい。身体が変調をきたしている証拠だ。一刻もはやく水を飲まなければ！　その一刻が、永遠に感じる。

6合目まで来た。もう我慢ならん、登山道の脇に生えている笹《ささ》の新芽をかじった。多少の水分があるだろうとの想いである。何本も摘み取り、歩きながらかじった。するとどうだろう…　のどの渇きがやわらぐかと思いきや、笹の草くさい匂いが顔のまわりに漂うようになった。笹が嫌いになりかけている。竹の匂いに苦しみだしている。渇きとはそういうモノだと気づく瞬間。

5合目の標識を横目で見た。あと2合。リュックを開き、さっきのペットボトルをもう一度振ってみる。一ミリほどの水滴が残っていないか、逆さまにして、口で吸ってみる。

《みれん》というフレーズが山の中にコダマする。思い出してみれば、このペットボトルを逆さまにして吸っているポーズを山頂から何度もやっている。《みれん》のあとに《たらしい》をつけた方がいい。

試しに、引き算をやってみた。７３ひく２７は——

考える前に、なぜわざわざそんな苦しくなることをしているのか、バカバカしくなった。試すとか実験とか、いまやることではない。やることではないと言いながら、繰り下がりの引き算ができないじゃないか、ああ～

また転んだ。４合目の標識に気持ちが緩んだからだろう。

——水がなくなってから数時間、ついに3合目の《甘露泉水》が見えた。このときまで、「着いたらこうするんだ！」という想像ばかりしていた。上半身ごと水の中にとびこみ、ジャブジャブ暴れながら、水中で水をガブガブのむ。その光景をなんどもなんども思い描いていた。たった数時間の間に、１０回以上の絵を思い描いていた。果たして——

人は、望みがかなう瞬間、冷静になるようである。あと一瞬で水が飲める、その時間を、ほんの少しだけ伸ばしてみたくなる。なにも……何もなかったかのように、静かにカップを持って水に近寄る。滔々《とうとう》と流れ出している美しい水。２００年前に降った雨が地下でろ過されて湧いてきたといわれる水。利尻岳の登山道ではここにしか湧いていない水。のどぼとけが、ゴクリッ。そういえば…

映画《アラビアのロレンス》のなかで、ピーター・オトールが、砂漠地帯を水もなく歩きとおし、命からがらたどり着いたホテルの、レストランのバーラウンジで、レモン水を注文するシーンがある。何バイもがぶ飲みするのかと思いきや、一杯のレモン水を、そっと静かに口に含んでいた。そのシーンに、ヒトの気品というモノを感じた。泉にドボンなどという下品な真似はしてはならない。

甘露泉水のほとりにひざまづく。カップを右手に持ち、冷たい湧き水を受け、そぉ〜と口をつけた。ロレンスを思い出していた。ゴクゴクゴク……三口で飲んでしまった。ロレンスはお代わりをしなかった。私は手がかってに動いて2杯目を受けている。ガブガブガブガブ。

なんと3杯目、4杯目、さらには《みれんたらしいペットボトル》を取り出し、ジャ〜〜〜ドボドボドボもう一杯、ゴクゴクゴク。6杯目は頭にジャ〜。つぎは首にジャ〜、顔もジャブジャブ、もう腕も水に浸して、ええい肩まで浸《つ》けちゃえ〜カップなんかいらない、顔ごと浸けてゴクンゴクン……ロレンスになんかなれやしない！

北海道の広さを知る

さあ、北海道の広さを知ってもらおう。面積がどれほど広いのか？　分かりやすく面積数値で確かめてみよう。北海道の地図の中に、ほかの県の面積を片っ端から入れてみよう！

まずは、東北地方に目を向ける。東北の県はやたら広い。県別面積ランキング、ベストテンに5県入っている。とはいえ、いくらなんでも、北海道に全部入らないだろうと考える。青森、岩手、秋田～　あれれ、まったく足らない。山形、宮城～　まだ足らない。ええい、福島も入れちゃえ～　まさか、まだ足らないのか！　よし、東北にくっついている関東らしき、群馬と栃木を入れてみよう。おお～やっと埋まった！

北海道の面積は、8万3424平方メートル。

青森、岩手、秋田、山形、宮城、福島、群馬、栃木で、8万3516平方メートル。信じられない方は、改めて、日本地図を眺めていただきたい。アナタがもし、首都圏にお住みだとして、東北へ旅行に行こうと車のハンドルを握ったとしましょう。グルっと一周してこられますか？　何日かかると思いますか？

では、「関東はんの面積なんぞ分からへん」という関西の方のために、山口県から順に北海道に入れていきましょう。はい！

山口、広島、岡山、島根を入れましたヨ。あら、ぜんぜん埋まらないじゃないか。鳥取と兵庫を加え、ええい、福井と京都も入れちゃエ。まだ…ほんじゃ、大阪、奈良、和歌山も入れたゾ！　ええ〜まだなの？　三重に愛知も入るかな？　おお、簡単に入った。中国地方に加え、近畿が全部入った！　仕方ない、滋賀は、琵琶湖があるから、さすがに入らないだろう？　えっ、入る。では、まさかと思うが劔立山連峰のある富山は？ええぇえ〜入った。これで、まだ少し北海道の方が余っている。

ほなら関西の方、とくに大阪の方、ハンドル握って、いまの県をグルリと巡るのに、どんだけかかりますか？　行く気になりますか？　北海道ではこれが当たり前になっているのです。ヒエ〜〜〜

与論島　青の洞窟

与論島《よろんじま》の最高地点は、海抜９７メートル。島の南の端にそこはある。そこは海から切り立った崖がそびえている。あまりにもそびえているので、海側に道がない。海から船か何かで直接アクセスするしかない場所。ということで、島民も近づけなかった。よもや観光客は遠くから崖を見て、「すんごいなあ～」とため息をつくしかなかった。

鹿児島県与論島、周囲２０キロの島。南を見れば沖縄本島の最北端が、ごく近い。

「この崖を登れないかな？」

素直な質問に、島の若者ヤス君が応じてくれた。

「逆に、てっぺんから降りて行けます」

なんでも、崖のてっぺんの端からロープやら何やら使って、海面まで降りて、登り返

してこられると言うのだ。本人は、一度だけ行ったことがあるという。「行こう！」動きは早かった。リュックを背負い、表面にゴムの付いた手袋をはめた。いざ、てっぺんに立つ。下を覗《のぞ》くと、はるか下で波が砕けている。といってもリーフ内のことであり、波は小さい。

さあ、下ろう！　道は、あるようでない。アダンやソテツが群生している。それらには、鋭いトゲが生えている。近寄るモノを刺して刺しまくる獰猛《どうもう》な植物だ。そのトゲトゲの隙間を探し、腰をかがめ、頭をくぐらせながら、下ってゆく。チクッ、足に痛みが走る。よく見ると、下草にトゲだらけの草が生えている。その横には、トゲの王様、野アザミが、「俺もいる」とばかりトゲを伸ばしている。南の島の崖とは、トゲだらけなのである。１００万本のトゲが動物を寄せつけまいと生えまくっている。

そして、トゲは植物だけではなかった。降りるために掴《つか》んでいる岩こそが、問題だ。岩はすべて珊瑚《さんご》でできている。はるか昔に海の中で成長した珊瑚が化石となって固まったモノ。それが、雨風で風化し、鋭い切っ先を持った針山をつくりだしている。沖縄などの島の海岸に、トゲトゲの岩を見たことがあるでしょうか。アレです。

ここで、ふとドラマのワンシーンを思い浮かべた。小説や映画で、犯人が山の中を必死で逃げるシーンがある。ハァハァゼイゼイ、全力で走って逃げる。それを追う警察官たち。あのシーンはこの崖では成り立たない。なんせ、トゲと針のような岩場である。1メートル進むのに、ときには5分もかかる。つまり現実の山の中の逃走劇とは、このような場所かもしれない。犯人にはなりたくないし、警察官も気の毒だ。

さて、トゲトゲの岩を掴みながら、トゲまみれのジャングルを降りていく。すると、これ以上降りられなくなる場所に行き当たった。ハングしたような崖を降りるしかないのか？　ロープがなければ降りられない。っと、岩に穴があいているのを見つけた。人ひとりがやっと入れるくらいの裂け目があり、どうやらこの洞窟を通るのが、ルートとしては正解と見定めた。懐中電灯を点《つ》ける。リュックが引っかかるので、はずしてリュックを押し出しながら進む。洞内は、複雑に道別れしており、下に抜ける道を見つけるのに苦労する。

「おおい、ソッチ行けるか？」

「いや、ダメみたい」

「コッチも、穴が落盤で詰まってるゾ」

「あっ、あそこに明かりが見える」

　ふだん、洞窟内とはツルツルと滑《なめ》らかな岩が広がっているものだが、ここではゴツゴツと尖《とが》り、針状の珊瑚岩がむき出しになっている。山登り用の伸びる材質の上下を着てきたので、トゲに引っかかると、かかったまま伸びてしまい、先に進めない。その上、リュックも背負っている。狭い洞窟には向いていない。

（まさか、崖下りに洞窟が出現するとは思ってもみなかった）

　洞内は鍾乳石《しょうにゅうせき》が垂れていた。１センチ伸びるのに、１００年かかる鍾乳石の成長ぶりからすると、数１０万年以上前からこの地で成長してきた崖の穴である。薄暗い中、２０メートルほど穴の中をクライムダウンしたあたり、洞窟の最下部で、海水がピチャピチャと音をたてる場所に辿《たど》り着いた。

「おお～～ここはなんだ！」、思わず歓声をあげた。白い砂が洞窟内の海底にひろがり、海水の透明度はかぎりなく高い。そこに、洞窟の外から陽の光がそそいでいる。もし外の海側から眺めれば、海面近くに穴があき、海水がその中に出入りしているのが見えるだろう。

　そこは驚きの青に満ちていた。光の屈折の具合なのか、水面が青に染まっている。ソーダ色ともいえる青、つまりここは《青の洞窟》なのだ。あまりの美しさに呆然《ぼうぜん》としながら、ふたたび90メートルの高みまで、トゲの中を登り返すのだった。そしてその夜、体中にトゲの傷がゴルゴ13の背中のように走り、熱い風呂に入れなかった。

(注:この崖は、非常に危険なので、案内なしに降りるのは、やめましょう)

(注:正式の案内人はいまのところいません)

与論島で見つけた、崖下りコース。クライムダウンとも呼べるこのコースに名前をつけるとしたら何? 私が勝手に名付け、観光パンフレットよろしく紹介しようとしたのは――

《クライムダウン・青の洞窟へ》

90メートルの断崖を下ると、青の洞窟にたどりつきます。

途中、ロープやはしごを伝い、大海原を眺めながら、
鍾乳石でできた洞窟にいたります。

洞内の透き通るような海水に陽が差しこみ、その青は、ヨロンのマリンブルー。神秘の絶景をどうぞ。

屋久島登山

鹿児島空港を経由して屋久島《やくしま》の飛行場にランディングしたその足で、宿のコテージに向かう。じつは、宿に向けて折り畳み自転車を送っておいた。隙《すき》あらば、屋久島をチャリで探索しようと企《くわだ》てていた。

宿に着くなり、自転車を組み立て、走り出した。っと思いきや、すでに陽は暮れ、かなり暗い。

時は年の暮れ、大みそかまであと数日である。自転車のランプを点《つ》けたものの、半端な暗さじゃない。外灯がほとんどない。夜とはこんなに暗かったのかと、南の島で久々に思いいたった。

ヘッドランプも照らしたが、はじめての道を走るのはかなり危険。段差や石ころがあり、歩く程度しかスピードを出せない。しかたない、歩いて自転車を押した。せっかくの自転車が役に立ってない。立つどころか、お荷物にすぎない。

朝6時まだ暗いなか、登山口の《白谷雲水峡《しらたにうんすいきょう》》にいた。ここ数日大雪が降ったので、あちこちの登山口までの道路が通行禁止。唯一車で行ける場所が白谷雲水峡。ヘッドランプを点けての登山開始。このルートは、標高600メートル～辻峠1000メートルまで登り、いったん300メートル下りトロッコ道に出る。ちょいと道が長くなるので、縦走組はあまり利用しないらしい。そのぶん、自然のままの屋久島を味わえる。

登りはじめて30分、早くも大きな杉が現れた。直径2メートルほどもあり、高さは20メートル以上。首が痛くなるほど見上げていたら、どうやらこの杉は、屋久杉と呼ばないそうだ。

《屋久杉》とは、樹齢1000年を超えるモノしか呼ばれない。ふだん我らが、山中で見つける、大木とか巨木と呼ばれる、樹齢600年だの800年だのという杉は、屋久島ではこう呼ばれる。

《小杉》かわいいもんである。

なにごとも比較されるものだが、屋久島の杉は苦労が絶えない。バッサリ切られた後も、切り株は生きつづける。我らが知っている木の切り株とは、すぐに腐りはじめ、10年後には、何もなくなるものだ。ところが、屋久島の杉は油分がとても豊富なので、腐らないのだそうだ。その上、切り株の上に落ちたほかの木のタネが芽を出し、あらたな世界をつくりだしている。これを、《着生《ちゃくせい》》と呼んでいる。屋久島の自然は、着生を抜いては語れない。

弥生杉も縄文杉も、着生が着生を呼ぶ生き方をしている。それゆえ、一本の樹と呼ぶには、複雑な形をつくりだしている。奇岩奇勝という観光地のほめ方があるが、屋久島では、奇木奇樹のオンパレード。いつか大雪が降る北国の山のスノーモンスター樹氷と屋久島の巨樹を一同に合わせてみたいものだ。

ウンショウンショ、雪道をやっとトロッコ道までたどり着く。オッとその前に、太鼓岩なる場所に立ちよった話を――

屋久島とは、《前岳》と《奥岳》に分かれる。丸い島はまるで外輪山があるかのように、島の周りを取り囲む峰々がある。これを《前岳》と呼ぶ。その奥、つまり内側に本来の高いピークがいくつもある。これを《奥岳》と呼ぶ。前岳に、太鼓岩という名前のまあるい岩があり、そこからの奥岳の眺めが秀逸。《洋上のアルプス》との異名をもつ屋久島の峰々は、まさに稜線に雪が付着すると、日本アルプスそっくりである。

あまりの見事さに眺めていると、朝もやにお日様があたり、ブロッケン現象が起きた。キリのなかに自分の身体の影が映る山ならではの現象である。丸い虹のなかに自分が立っている。まるでお釈迦様の光輪の絵に似ている。ブロッケンは、あっという間に消えてしまったのだが、目には焼き付いた。

さて、《トロッコ道》とは何？　屋久島には、その昔、切り出した杉を運ぶために道をつくり、そこに線路を敷設した。登るときは、エンジン付きの機動車で引き、下りは、重力に任せてブレーキだけを利かせて降ろす。距離にして10キロ以上。そのうちの8キロ分を我ら登山者が利用している。狭軌《きょうき》の線路幅の真ん中に板を並べて歩きやすくしている。しばらく歩いていると、ポイントが現れた。上下のすれ違いのため、線路を切り換える場所だ。ポイントをじっくり見てみると、サビていない。ん…？　これって、現役？　どうやら、いまも使われている線路であり、不定期で、運行しているらしい。ほお～～現役！

トロッコと聞くと、乗りたくなる。なぜだろうか？　映画「インディジョーンズ」を観る前から、乗りたかった。だから、乗りたくなる衝動はあの映画のセイではない。トロッコとはオープンカーである。オープンカーはみんな大好き。ゆっくり走るがちょっと危険。この点がそそられるのかもしれない。

トロッコ道には、橋が頻繁に現れる。木でできた橋が多い。幅は狭く、橋梁は高い。なのに手すりはない。腐りかけたように見える橋げたと線路の枕木。ゾクゾクする。ところが慣れとは不思議なもので、つぎつぎに現れる橋を渡っていると、怖《こわ》さはどこへやら。口笛吹き吹き、よそ見だらけ。

一時間も歩いていたら、トロッコの終点まできた。ここからがいよいよ登山の本番。いわゆる縄文杉までの登りがはじまる。いきなりの急登《きゅうとう》となるのだが、自然保護のため、木道を歩かされる。この木道の幅がまたもや狭い。もし、降りてくる人がいてもスレ違えないほど狭い。手すりもない。屋久島には、《手すり》という発想はないらしい。すこしでも自然のままに、がテーマになっている。しばらくすると、古墳に見えなくもない小山が現れた。

《ウィルソン株》

想像を超える大きさの杉が切られたあとの切り株。豊臣秀吉の時代に切り倒された杉の切り株。それを１００年ほど前に、イギリスの植物学者ウィルソンさんが、調査して発表したので、その名前が記された。屋久杉以外に、このような切り株が長年残った記録はない。内部に入れる。切り株の中に川が流れている。見上げると、切り株の上部は空に向けてひらけており、雨が降ったら濡れるだろう。その昔、台風で屋根がふっとんだ家から外を眺めたときに似ているが、なぜかハートの形をしていた。

《大王杉》

縄文杉が発見されるまで、この杉が最古とされていた。もう何をか言わんや…大きさとか古さとか、風格とか、単位が分からなくなる。いまこの樹は、やや谷川に傾いていて危ないというので、以前あった山道を樹の上側に新たに通している。しかし、そのために木道を拵《こしら》えてくれているのだが、2メートル以上の高さの空中に通してあり、例によって、手すりがないし幅も狭い。女子体操の平均台が少しだけ広くなった趣がある。この上を歩きながら、大王杉を見上げたりすると、バランスを崩し、減点の対象になるのではないかと意味のない心配をしてしまう。

屋久島は、自然のママであることを心掛ける人たちに、試練も与えている。

《縄文杉》

発見されたのが、1966年。

屋久島の地元の観光課勤務の岩川貞次さんが見つけたので、《大岩杉》と名付けられたのだが、その後、《縄文杉》と呼ばれた。岩川さんの発見はありがたいことであったが、結果的には、《縄文》という命名がその後の観光的には、おおいに貢献したのは、間違いないだろう。

胸高直径　5・2メートル
胸高周囲　16・4メートル
樹齢　　2000〜7000年（確定していない）

これまでの登山道からちょいと峰側にはずれたところに、この樹は、数千年のあいだ、ひそかに立っていた。周りに、さまざまな樹を巻き込みながら、着生も含みながら、辛抱強く生きてきた。目の前に現れた古い巨木の前にいると、ふと…言葉が浮かんだ。

《THE　木》

イギリス発祥のゴルフの聖地での戦いは、敬意を評してこう呼ばれている。《ジ・オープン》。日本語に訳すと《開催》。○○開催とか、○○選手権とかの○○をはぶいて、もっとも単純にすると、《ジ・オープン》となる。

つまり、この大きな杉の木は、名前で呼ぶよりは、木の代名詞となるべき木である。

過酷な大自然のなかで、条件がそろえば、こうなりますヨ、という姿を、現代に見せてくれている。

縄文杉を観たい人は、登山道を往復11時間歩かねばならない。日帰りだとそうなる。それだけの価値があるからこそ、ツアーにみながやってくる。


そして、ここから先は別の話がはじまる。最高峰の宮之浦岳1936メートルまでは、縄文杉までの登りがおこちゃまに感じられるほどの長い山道を延々歩かねばならない。そして、帰ってこなければならない。しかも大雪の冬。

「こんにちは、頂上からですか？」、上から降りてきた登山者に訊《たず》ねる。

「いや、風が強く、真っ白で、途中で引き返しました」

なんでも、匍匐前進《ほふくぜんしん》しなければならない箇所がつづき、撤退したという。

本日の宿泊場所、《新高塚小屋》まで！　ウンショウンショ、マイナス5度のなか、なぜかティーシャツ一枚の上にレインウェアだけの私の足は軽い。12キロのザックなどなんのその。暑いとすぐバテるくせに、寒い登山は、好きである。寒さと自分の身体の暑さが、相殺《そうさい》しあって快適になる。とはいえ、ティーシャツは汗まみれである。立ち止まれば、ビショビショのシャツのため、寒くなる。やっかいな身体に育てたものだ。

登ったり下ったり、累積標高差１２００メートルほどで、小屋が見えてきた。屋根に５０センチの雪が積もっている。管理人がいない小屋なので、静まりかえっている。《新高塚小屋》の避難小屋は、雪に埋もれていた。ヘッドランプだけを頼りに、夕ご飯をつくって食べて、少々のお酒を呑んで、寝袋に潜り込んで眠ろうとする。――寒い。ホカロンを４つ放り込んでいるのだけど、温まらない。寝袋はマイナス５度まで対応の良い奴である。板張りの床の上に、デコボコ状のクッションを敷いているのだが、しんしんと寒さが伝わってくる。エビのように身をこごめて、縮こまる。

なんやかや8時間横たわり、早朝4時に起きる。朝食は、昨日の残り飯を煮て、おじや。6時出発、まだ暗い。ヘッドランプで歩き出すが、全面雪なので、ほんのり明るい。ひたすら頂上を目指して南進する。登りは結構傾斜がある。本日の標高差は、６５０ｍだが、累積標高差（上ったり下ったり）は、もう少しある。それより、雪が思いのほか深い。ラッセルする場所もある。《ラッセル》とは、自分がラッセル車になるという意味だ。

稜線は、シャクナゲの群生地となっていた。夏には、赤白の大きな花盛りとなるのだろう。いわゆるシャクナゲトンネルとなる。ところが、これが難題となったのである。

夏なら、ルンルン気分で花のトンネルを登ってゆくのだが、なんせ、積雪が60～80センチ。そのぶん地面がかさ上げされるので、トンネルの天井が低くなり腰を曲げた状態で登る。時には、匍匐前進を強《し》いられる。

やがて、「時には」とか言っていられなくなった。這いつくばって、トンネルを進む。身体は通るのだが、ザックが枝に引っかかる。そういえば、昨日撤退してきた登山者が、「シャクナゲで匍匐前進がつらくて…」と言っていたのを思い出した。ひとの意見は、しっかり聞いておくべきである。そんなとき、稜線では素晴らしい光景が見られた。

《霧氷《むひょう》》

通常の霧氷は、枝そのものに霧雪が付着するので、風上に向かってエビの尻尾のように発達する。ところが、杉の葉っぱはモコモコしている。そこに付着すると、ナイフのような雪が尖っていく。一本の杉の木に、数百本、いや数千本のナイフが、生えているかのようだ。さらに驚いたのは、杉の木だけでなかった。大きな丸い岩が現れると、その真ん中に当たった風が、放射状に広がってゆくのを表現するかのように、ナイフが岩の中心に向かって生えている。まるで巨大な恐竜の目玉かと思える氷の芸術。北国では見られない強風と冷気の作品群がつらなる。

ついに頂上にたどり着いた。どんより曇っていた空が、あれよあれよという間に、真っ青に！　はるかかなたのほうまで見渡せる。海の向こうには、種子島《たねがしま》が長々とした砂浜の姿をみせている。風は相変わらず吹きすさび長居はできないが、連山のピークをいくつも拝むことができた。屋久島の大きさを実感できた。

さあ、ふたたび新高塚小屋まで戻り、寒い夜を過ごさなければ。そして翌日、長い距離を歩いて下山しなければ――

その最後の最後に、思いもかけない現象に当たったのだ。屋久島の宮之浦岳から長い長い距離と高度差を降りてきた。最後は、登りで使ったトロッコ道を8キロ、2時間延々と下る。線路の真ん中に板をならべ、人が歩けるようにしてくれている。時速4キロで歩いて、2時間。ただただ歩くだけ。

ここで、不思議なことが起きた。歩いているのに、半分眠っている状態になったのである。真夜中に眠っているのか起きているのか、分からない状態になることがある。あれにソックリな状態で歩いている。禅道に、《歩く禅》というモノがある。座ってする禅ではなく、歩きながらも、無を感じるらしい。それに似た状態になったのだ。どういうことか？

トロッコ道は、かなり安全に歩いていられる。たとえば街中だと、自転車が飛び出したり、信号があったりと、歩く以上に、いろんな情報に気をとられる。ところがこの道は、ボ～としていても道をはずれたり、どぶに落ちたりはしない。これが、家のソファに寝転がって考えごとをしていると、眠くなってそのまま眠ってしまったりする。

ところが、トロッコ道は完全に眠ることはない。歩いている動きが眠らせてくれないのだ。しかも歩きが安全で単調。コトン、コトン、コトン、コトン、足音が単調に響く。でも眠れない。すると…ふか～い思考の世界に落ち込んでゆく。遠い昔のことだとか、若いころのシーンだとか、心の底の底あたりに沈んでゆく。３０分以上も、半分眠った状態で歩きつづけ、時折ふっと周りを見回すのだが、風景はさほど変わっていない。この繰り返しである。どこをどう歩いてきたのか思い出せない。こんな道は、あのトロッコ道しかないような気がする。

もし、アナタが屋久島に行くことがあったら、だれもいない時間帯に、ぜひひとりでトロッコ道を歩いていただきたい。アナタしだいで、詩人あるいは哲学者になれるかもしれない。

降雪量世界一の山

クイズです。

《降雪量世界一の山》は、どこでしょう?

《降雪量》という言葉がある。雪が何メートル積もったかという高さをさしている。

《降雪量世界一の山》の定義をしよう。これは、南極のように、つねに雪があり、その上に積み重なる雪の高さではない。夏には、雪がなくなり、冬に積もる雪の高さを調べたもの。考える時間をつくるために、もうひとつ問題を出しましょう。

《降雪量世界一の都市》はどこなのか?

昔の爺《じい》さまが、よく語る言葉がある。「昔ぁ、雪が深かったもんだぁな」。川端康成の《雪国》の冒頭で語られるように、トンネルを抜けた先の新潟県は、すさまじい雪が降っ

ていた。こんな話が伝わっている――

「昔むかし雪原を歩いていたら、何かに足が引っかかって倒れたんじゃ。それはナ、電線だったんじゃ」

そこは長野県の《飯山《いいやま》》である。冬場は二階から出入りするので、冬用玄関が二階にあった。またはこんな話も――

「その昔、雪野原を歩いていた旅人が看板を見つけたんじゃ。こう書かれてあったとさ《この下に町あり》」

そこは富山県の高田。飯山にならび、雪の多さで驚かれていた町である。その雪が夏にはなくなるのだから、それはまた不思議。

ところで答え、2番目の問題、降雪量世界一の都市は――《青森市》

日本海の水を雪に変えて、思いっきり降らせる。年間降雪の深さが、6メートル69センチ。いつも真冬は真っ白になるニューヨークが68センチなのだから、その10倍である。そして、2位は札幌市。3位が富山市。日本列島、降雪ザカザン大国だ。

《ジャパウ》という言葉がある。ジャパン・パウダースノーの略で、毎日毎日雪が降り積もり、毎朝降ったばかりの新雪を滑ることができると、世界中のスキーヤーらが喜び、日本にやってくるのである。毎日新雪で滑ることができるのは、世界でも非常にめずらしい。ひとえに、暖かい対馬《つしま》海流と、大陸からの冷たい北風のセイだ。滑るひとたちにとっては、恵みであり、生活する住人にとっては、非常にやっかいとも言える。

旧約聖書によると、ノアの箱舟のころ、４０日間雨が降りつづいたといわれる。日本では、昭和のはじめごろ、４０日間雪が降りつづいた記録が残っている。いずれにしても、日本一ではなく、世界一なのだ。それも、とび抜けて！

では冒頭のクイズの答えを、じつは――

と言いかけて、答えを引っ張るために、あの場所の例を述べてみよう。大雪のとき、テレビが頻繁《ひんぱん》にとりあげるのは、八甲田山の山中にある青森県の酸ヶ湯《すかゆ》温泉。

酸ヶ湯の古びた本館の玄関前に、垂直の棒が立てられており、メモリの横線が引かれてある。

あごを思い切りあげなくてはテッペンが見えないほどの高さの棒。テレビでは雪が降りしきるなか、その棒が埋まっている様《さま》を映し出す。アナウンサーが、声たかだかにすさまじい吹雪を実況する。

「5メートル66センチに達しました！」、指さしている。でも、ここが世界一ではない。

そういえば、（まだ引っ張るか！）春のおわりに富山県から立山へバスで向かう折、雪の壁の間を通る。高さ8メートルだの12メートルだのと、テレビで紹介される。あれは降雪量ではなく、雪を吹き飛ばす雪かき車でつくった回廊である。《雪の大谷》と呼ばれている。

豪雪地の山の谷には、20メートル30メートルに達する雪が積もる。しかし、それは吹き溜まりや雪崩《なだれ》によって集まった雪であり、降雪量とは呼べない。降雪量とは、純粋に降ってきた雪が積もった高さである。そして観測できる場所であることも求められる。さあ、歴代世界一の降雪量を観測したのは、どこ？

《伊吹山《いぶきやま》》　1377メートル　滋賀県

降雪量　11メートル82センチ

ちなみに先ほどの酸ヶ湯は、第2位である。

1927年（昭和2）2月14日、大雪にみまわれた。測候所の所員が、3メートルの棒を継ぎ足し継ぎ足しして深さを調べた。伊吹山の存在する場所は、毎冬新幹線が遅れる原因となる関ケ原の豪雪地帯にある。日本海から湿った雪が、北西の風にのって運ばれ、一か所もりあがった形の伊吹山にぶつかる。ひたすら雪が降る。東海道新幹線で西に向かうとき、琵琶湖の手前あたりで、右側を見ていると、真っ白い山が現れる。それが、世界一の降雪量の山なのである。

伊吹山に夏に登ると、かなり暑い。登山道はもともとスキー場のゲレンデだったので、樹木がない。関西の方たちの大切な山に向かってなぜか文句を言っている。

「あんだけ大量の雪があったのに暑いっちゃ、なんやねん。ちぃとどっときぃ！」

遭難

《遭難》

自然の中での遭難は多い。海の遭難は抜きんでている。映画などで観る遭難は、生き残った人の実話がほとんど。生き残らなかった人は、知られることもない。小説にすらならない。

山の中の遭難も多い。とくに40年前までは、遭難の文字が新聞に載らない日はなかった。いまは、ずいぶん減っている。減っているものの、遭難自体は頻繁にある。それより大変な事件が頻発しているので、話題になりにくいだけだ。

遭難慣れしてはいけない。だれでも、遭難する可能性がある。自分だけは遭難しないと宣言しても意味がない。そのために登山届制度があり、スマホのGPSがあり、山岳

保険がある。
そして山の遭難で悲しいのは、遭難したかどうか分からないケースだ。独《ひと》りで山にいく。（いつもの習慣なのか、うっかりしたのか）登山届も出さず、家族にも行き先を告げておらず、つまり、どこの山へ行ったかも分からないまま、家に帰らない。家族は警察に届けるものの、警察としても動きようがない。あるいはひょっとすると、《家出》の可能性もあり、警察としては、積極的な姿勢をとれない。さらに悲しいのは、数か月後に山中で見つかり、数日生き延びていた日記が見つかる場合だ。
もし、行き先を書いていてくれていれば、
もし、携帯電話の予備電池を持っていれば、
もし、家族が必死で探していたら、
もし、もし、もし、もし、もし…
諦めきれない後悔が永遠につづく、「もし」が残された人をさいなむ。
山の遭難と聞くと、アルプスだの高い山に限ると思われるが、むしろ低山のほうが遭難しやすい。高い山は森林限界を超えて、登山道が比較的明瞭なのに対して、低山は、あいまいな標識も多く道迷いしやすい。しかも森の中は見通しが悪いので、自分がどこ

にいるのか分かりにくい。実際、私も低山でしばしば道を見失う。「道を間違ったことにすぐ気づく性格」なので、事なきを得ている。

「よく道を間違う性格」とともにもつ、こっちの有利な性格が役立っている。ならば、「絶対に道を間違わない性格」を育てようとしないのか、と問われれば、努力したことはあるが、育たなかったと白状しておこう。

「人がすることに絶対はないという哲学をもつ性格」が邪魔しているともいえる。要は、いい加減さのほうが育ちやすかっただけだ。


遭難が確定すると、警察をはじめ遭対協（遭難防止対策協会）の方々が動き出す。家族や友人の言葉をたよりに、どこへいつ行ったのかを割りだそうとする。さらには、どこまで進んだのかが問題となる。遭難者の体力と性格がいちばんの問題となる。

道間違いをしたときに、戻る性格か、突き進む性格かで、探す範囲が変わる。あるいは、遭難場所でジッとしている性格か、あがく性格かでも捜索範囲が変わる。

いずれにしても、時間との戦いとなる。秋から残雪期の間であれば、1時間1時間が貴重となる。夏場でも、雨と風の戦いとなる。家族は夜を徹してでも探してほしいのだが、探す側は、二次遭難の心配もある。費用の問題は、捜索を難しくする。公の警察などの捜索はいつまでもつづけられないし、人数も限られている。必然民間に頼る。すると費用は莫大となる。１００万円単位のお金が出てゆく。

山岳保険に入っていれば、なんとかなるが、遭難する人に限って保険に入会していないケースが多い。そして、イヤな言葉が伝えられる。「打ち切ります」。告げられた家族は、どうしてよいか分からない。ほうり出された気持ちになる。そんなとき…

数年前から、こんな団体が活動をはじめた。

《ＬＩＳＳ》山岳遭難捜索チーム　リス

中村富士美さんが代表をつとめる団体で、生存者もしくは、ご遺体発見まで親身になってかかわってくれる。もともと看護師だった中村さんが、素人の目から、道迷いや滑落《かつらく》した人の居場所を探すのである。一日二日で見つける場合もあれば、半年以上かかる場合もある。

家族にとって、もっともツライのは、行方不明である。遺体でもかまわないから見つかってほしいという気持ちと、見つからずにどこかで生きていてほしいという気持ちのはざまにいる。その気持ちを受け止めた上で、捜索をしている。中村さんが執筆した本、《「おかえり」と言える、その日まで》の中に、命の大切さがこまかに描かれてある。

そして、生きて発見された人たちの言葉が重い。これとて、山の中に泊まった人たちである。みながみな、夜が怖かったと口をそろえる。

日ごろ、山の中にテントを張って寝泊りしていると、昼とは違う音の世界となる。基本的に、動物は夜行性である。動物は目が利く昼間は襲われる恐れが多いので、必然夜行性となる。すると当然、襲う側も夜行性となる。一度でも夜の森に泊まった人ならば、そのさまざまな異音を耳にしただろう。動物なのか木の軋《きし》りなのか、はたまたアチラの世界の魔物なのか――

《疑心暗鬼を生ず》という言葉がある。だれもが感じたことのある状況なのだが、これは都会の話であろう。山の中では、ほんとに暗鬼がいる気がする。テントのシート一枚外に、暗鬼が歯をむき出して、うろついている。ひと晩中、暗鬼のうしろに暗鬼、落ち葉を踏みしだき、枯れ枝をパキパキいわせ、ときおり風もないのに、テントを揺らしたりする。プシュウゥゥ〜〜なんの噴きだす音だろうか？　ケケケケケケ…鳥の声とも思えない奇音がひびく。寝袋の中でナイフを握りしめ、目だけランランとしている。

《黄色いテント》の本の著者、田淵行男さんが同じような状況を書いている。森の中に泊まるのは怖いという話である。田淵氏もひとりで森の中にテントを張って山登りをしていた。原因はそこである。きちんとした指定されたテント場で、それもひとりでなければ、怖いものなどない。むしろいろんな音のなかにロマンを感じるかもしれない。アレはバンビがお母さんを呼ぶ鳴き声だとか、暗鬼ではなく、陽気な気分にもなれる。なのにひとりでいるとは。アンキはひとりに襲いかかってくる。

山の麓《ふもと》の登山口に神社がある。賽銭《さいせん》を入れ、両手を合わすときに祈る。

「人知れず山の中で去った方たち、人生の最後の最後に怖い思いをせずに、静かに眠っていけましたように！」

山小屋のピアノ 3 編笠山

《青年小屋》

おおきな岩の重なる鞍部にある山小屋。入り口に赤ちょうちんがぶら下がっており、「遠い飲み屋」の異名を持っている。ご主人が酒大好き音楽好きで、ギターを奏でて歌までうたう。騒いでも宿泊客に迷惑がかからないような呑み場を確保するために、小屋をつくりかえたほどだ。ボトルキープのできる山小屋は、ここだけかもしれない。山小屋とは木造りで、スピーカーのボックスに似ている。音を大きくするだけでなく、柔らかく伝えてくれる。レストラン内に置かれたピアノは、疲れてホロ酔いの我らを子守歌で包んでくれる。さあ、もう眠りなさい、明日は早いですよ〜えっまだ呑みたい？　しかたないな、あと一杯だけネ。

第4章 なぜ？　どうして？

下りはおかしい

以前から、山登りの筋肉に関して、おおいなる疑問があった。《登り》と《下り》で違う筋肉を使っているのではないか？　あるいは、使い方が違うのではないか？

ある意味、５０年以上考えつづけたテーマともいえる。《山の呪い》と呼んでもいいこの登りと下り。だれも解き明かしていないのではないか？

山を登るのは、ツライ。たとえば、１０００メートルの登りは、かなり筋肉を苦しめる。心も折れる。それでも、だまされ、励まされ、なんとか頂上に達する。そこまではいい。

問題は下りである。下りは、だまされもせず、励まされもせず、ただ淡々と下る。登ったのと標高差は同じなのに、ものすごく長く感じる。「え～こんなに登ってきたの～？」

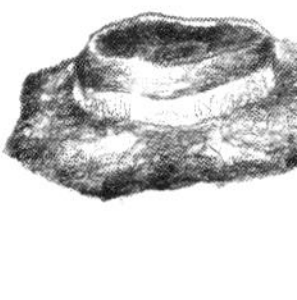

だれもが同じ言葉を吐く。
そして、下りきったアト、身体は悲鳴をあげる。下半身はグダグダ。腰もキシキシ。駅の階段が手すりを持たなければ下れない。おそらく下りさえなければ、登山は疲れないのではないか？　とさえ、思われる。
とあるテレビ番組で実験をやっていた。
A：山に登り、ロープウェイで降りてくる
B：ロープウェイで登り、歩いて降りてくる
実験の結果、Aのほうが、疲労度が圧倒的に低かった。つまり、下りは疲労の蓄積が多い。なぜか？　答えを、私なりに発言してみよう。
《人間は下るように筋肉が発達しなかった》
サルから私へと進化したと信じている私としては、こう考えるのである。二足歩行で、坂道を下る訓練が足りなかったのではないか？
大分県の、猿園として有名な高崎山《たかさきやま》の猿たちを観る機会がある。樹から降りるとき、坂道を下るとき、いずれも、四足歩行で疾走する。せっかく、「立ち上がる」という、未来形の歩き方を手に入れかけたにもかかわらず、下りでは、四足歩行なのだ。残念…

いやいや残念とかそういうことではなく、彼らが、下りの筋肉を手に入れたがらない習慣が、現在の我らの、《下り不得意な筋肉》を育てたといえないだろうか？　ってなことを考えていたときだった。

ＮＨＫラジオ《山カフェ》のお客様、《草刈民代》さんが、いみじくも、驚きの発言をしてくれたのだ。彼女は日本の、いや世界のバレリーナである。本人は、元という漢字を頭につけて、現在はダンサーだと語る。

お話のなかに、登り下りの話が出てきた。まず、登り。頭の上まで足が挙げられる彼女は、岩場などのとき、実際顔のあたりまで足を挙げて、登ったことがあるという。周りにいた登山者が、おったまげていたそうな。

その彼女が、下りは苦手だという。時折、急斜面のくだりで滑ってしまい、片足が相当下まで達したのだそうな。つまりバレーでいうところの、《スプリッツ》という、前後に大開脚をした状態だ。

普通の人であれば、そんなに開かないから、必然、転ぶ。ところが、２メートル近く足をひらいて、しっかり滑りを止めたのである。おそるべしバレリーナの身体能力。そこで草刈さんに、なぜ人は下りが苦手なのか訊《き》いてみた。すると…

「登りは、身体の空間範囲から逸脱せずに、足を出すでしょ」

「ええ」

「ところが、下りは、身体の範囲を超える場所に足を出す」

ステージという平地で、身体だけを使って表現をしているダンサー。移動では必ず、両手両足をひらいた範囲でしか動かない。たとえ、ジャンプしても、身体の範囲内である。ところが、階段などの下りでは、未知の世界に足を踏み出す。自分の身体が及ばない、経験したことのない部分（空間）に足を運ぼうとしているのである。

我々は、階段に慣れているから当たり前のように下れるが、はじめて階段というモノを見て、降りようとしたら、手をつかずに降りられるだろうか？　下方にあり、距離も推測するしかない未知の場所に、足を降ろそうとしている。

これが、階段の登りなら、身体の範囲内に、足を持ち上げるだけだ。たとえ、１０センチの段でも、５０センチでも、手や足が届く範囲なら、それは、《身体の範囲》なのである。

つまり、下りとは、自分の身体が把握していない場所に、足を運ぶという、非常に危険な行為をしている。しかも、その行為は人として訓練が浅く、先祖から受け継がれていない。さっきサルまで遡ってその話をした。

訓練として、スクワットをすることがある。アレは、上下動はするが、未知の場所まで達する筋肉の動きではない。未知の場所とは、階段を降りるのであり、山道を下る行為である。

ということは、下りで疲れないようにする訓練には、高いビルをエレベーターであがり、階段で降りてくる。これを繰り返すしかない。

（＊注；ビル警備の方に注意されるので、許可をとりましょう。注意された本人が言っているので、間違いないです）

さあ、実験だ！　と思ったわけではないのだが、なぜか《鶴見岳一気登山》なるものに出場した。大分県の別府市の裏に、さん然と聳《そび》える山、標高１３７５メートルの鶴見岳。この山に走って登ろうというイベントが、毎年４月に開かれている。２０００人以上が参加するおおきな大会だ。

出発地点は別府湾のビーチ。つまりシートゥーサミット。ヨ〜イドンとピストルを鳴らしたのは、その係を仰せつかったイシマル。バンッとやってその音に驚いた自分も走り出した。

なんやかや、テッペンまで3時間10分でたどり着いた。このタイムが速いのか遅いのか、よく分からないのだが、問題は帰りである。この山は、古くからロープウェイが頂上近くまでかかっている。観光客が、サンダルやハイヒールであがってくる。ということは、一気登山の選手たちは、下りをパスして、ロープウェイの人となる。当然、ピストルで驚いたランナーもロープウェイで下った。するとどうなる？

翌日、まったく筋肉痛がなかったのである。ピンピンして仕事に励んでいた。バレリーナの登り下り論理が、ここで証明された形となった。

リフトが低い

夏山に行くと、スキー場のリフトを利用することがある。ロープウェイやゴンドラも楽しいが、リフトの快適さは秀《ひい》でている。なんたって、むき出し。いわゆるオープンカーである。風がまともに当たって涼しい。眺めたるや、立体模型の中を浮かんで進む遊覧飛行といえよう。ところが、スキーのときとリフトは何かが違う。何がどう違うのだろうか？　それは乗ってみれば分かる。

冬のスキー場といえば、北アルプスの八方尾根《はっぽうおね》にあるリフト。高みまで揺られていけば、白馬岳《しろうまだけ》を筆頭とするいかにもソソラレそうな峰々の連なりを眺めることができる。リフトは、スキーヤーが滑降してゆくすぐ横の高い所をフワリフワリと揺れながら、テッペンまで高速で進んでゆく。あれは高くなければならない。仮に2メートルほどの高さ

を動いていたら、滑り降りてくるスキーヤーにスキー板がぶつかってしまう。だから不必要なほどの高さで揺れている。

はじめてゲレンデでリフトに乗ったときは怖かった。落下防止用の金属のバーがないタイプだった。座椅子が前に前傾しているように感じる。身体の横にある縦の金属の棒を掴《つか》んでいるのだが、なんせグローブごしだ。力が入らない。仮にズルッと落ちかけたら、グローブの片手で支えられるだろうか？　無理だな。落ちたヒトはいないのだろうか？　みんななんの不安もなく棒すら握らずに乗っている。なかには、真下の仲間に足の間から顔を出しのぞき込んだりしている。おいおい、落ちるだろ！

夕方のテレビで「今日、リフトから落ちて骨折し…」というニュースを聞いたことがない。ないからといって、私が最初のニュースのヒトにならないとも限らない。

では、夏のリフトはどうなっているのか？　疑問を抱えて、八方池に映る逆さ白馬岳を観るべく乗り込んだ。グングン登ってゆく椅子から垂らした足が…ボソボソと草に触っている。靴が草の中に埋もれながら進んでいる。はげしいところでは、草をはじくボワボワと音まで聞こえる。仮にまちがって落ちたとしても安全な高さをリフトは進む。冬のスキーの時の不安がない。まるで自分の足で草刈りをしている気分になる。ならいっそ靴に草刈りカマを付けたら、どうだろう？　危険な考えが浮かぶ。「カマは、いつ付けて、いつ外すの？」と指摘される前に、この案は却下します。

待てよ、夏だからこの高さでリフトは浮かぶ。では、リフトの高さはどうやって調整しているのか？　着いた所のリフト係員に、この疑問をぶつけてみた。返った言葉は、

「冬は高さをあげるんだヨ」

「どうやって？」

「人が柱に登ってナ、ボルトを緩《ゆる》めて、ヨッコラショと持ち上げるのサ」

「人力で？」

「んだ」

ということは、夏用にするときは…

「だぁからヨ、春秋二回上げ下げするんだわサ」

ふえ〜、支柱は何十本もある。その一本一本、すべてレンチでコキコキするのだ。なんとまあ大変なご苦労である。リフト代が高いと文句はいえまい。冬のスキーリフトの快適な眺めを知る者としては、「高いままにして、椅子に落下防止柵をもうける」という策はないのだろうか？　子供も落ちない策はないのだろうか？　あまりのご苦労なあ

まり、つい案じてしまう。
個人的には、夏場の靴の草なぎは、おおいに気に入っているのですが…

ホシガラスに劣る

パソコンやスマホなどの、アドレス、パスワードが、大量になってきている。つい次々につくってしまったモノだ。分かりやすいアドレスに、覚《おぼ》えやすいパスワードだったハズ。しかし、その数が増えてくると、覚えやすさがアダとなる。似たようなアドレス。似たようなパスワード。どれがどれやら、何が何やら…

そこで、冊子をつくり、すべて書きだすことにした。すると出てくるは、出てくるは、１０じゃきかない数のアドとパス。パスワードにいたっては、覚えていないモノもいくつもある。あまりといえばあまりである。もしこの冊子を失《な》くした場合。家や車のキーを失くしたときと同じ面倒が起こるだろう。その昔、自分で書いた言葉を思い出す。

《便利になるほど不便になる》

これは、「完全を求めるとアクシデントに対応できない」という意味だ。本人が完全な人ならば良いのだが、そうでもない私なんぞは、すこし不便なくらいが、暮らしやすいといえる。アクシデントが起きてもなんとかなるような気がする。

たとえるなら、たったひとつの文字を思い出せなくて、家に入ることができない。たったひとつの数字が思い出せなくて、車を動かせない。しかも、それらを知られると、さらに多くのマイナスが起きる。世の中が便利に向かう方向性は、間違ってはいないのだが、たまたま高齢化に進んだ時代だったことに、不安を覚える。

っと言いながら、テレワークのために、昨日も新たなアドとパスをつくった。同じモノを使い回しているのだが、覚えられないことに変わりはない。「冊子に書いておけばいいでしょ」との助言には、こう答えよう。

「書いた冊子を他人《ひと》に見つからないために隠した場所を記したメモが、どこにいったのか？」


ホシガラスという山の中にいる鳥がいる。ハイマツの松ボックリをエサとして、ボックリの中の松の実を食べる。彼らは、そのボックリを咥《くわ》えては持ち去り、山の中のアチコチに隠す。岩の隙間だの、地面のくぼみだの。そしてそのいくつかの隠した場所を忘れる。すると、そこから松が芽を出し、あらたな松の木が生える。森林限界あたりにハイマツ帯が広がっているのは、ホシガラスのチカラがおおきい。そう、彼らは《あえて忘れるよう》に進化したのである。

先ほどのメモを探している私と、ホシガラスの違いはあるだろうか？　ホシガラスは隠した場所が分からなければ、「ま、いっか」とあらたに松ボックリを獲《と》りにいく。しかし私は、メモが見つからなければ、「ま、いっか」とはならない。いつまでも思い悩んでいる。ホシガラスのほうが優秀といえまいか…

なぜ山に登る

なにもこんなところに…

高山に登ると、小さな花に出会う。北海道や東北など雪が降る山域では、夏にお花畑状態になる。案内書に、《お花畑》と書いてあれば、文字通りとなる。街中の雑草の花に似ているといえば、似ているが、高山の過酷な環境を考えれば、つい言葉が出る。

「なにもこんなところに」

低すぎる気温、強風を越えた烈風、花粉を運ぶ虫も少なく、栄養を得る土もわずか。こんなところに生《は》えなくとも、もっといい場所があるだろうに――

どうやら、ココが好きらしい。だれに頼まれたわけでもないのに、過酷な場所で暮らしている。わずかな水と、質素きわまりない栄養で、生き延びようとしている。

っと、こんなことを考えていて、ふと気づいた。気づいたのは、山の上で彼らを眺めている最中だった。いま書いた文章を振り返ってみよう。それは、山に登る自分自身の姿ではないだろうか？

こんなところに生えなくとも（来なくとも）、もっといい場所があるだろうに、どうやら、ココ（山）が好きらしい。だれに頼まれたわけでもないのに、わざわざ苦労して（登って）過酷な場所で暮らしている。わずかな水と、質素きわまりない栄養で、生きようとしている。

まさに登山者そのものではないだろうか。きつい坂道を重いザックを背負って、だれに頼まれるでもなく、みずから過酷な状況に突き進んでゆく。これは言い換えれば、「苦労の自作自演」といえまいか。

「明日から、山に登ってきます」というと、けげんそうに眉《まゆ》を寄せて、当たり障《さわ》りのない返事がかえってくる。無下《むげ》にもできないので、「気を付けて」と、あいさつは苦笑気味だ。送り出された私は、ひょっとすると、自分自身の姿を高山の花のなかに観に行っているのかもしれない。とくに、パイオニア植物と呼ばれる花にぞっこんである。

《コマクサ》や《イワブクロ》それは、火山が噴火したあとのスコリアと呼ばれる黒い灰土の中で芽《め》を出し、花を咲かせる。周りに生き物がまったくない場所で唯一可憐《かれん》な花を世の中にお披露目する。

やがて長い年月を経て、群落になり、土が少量でき、そこにほかの植物の種が落ちて、木が育つ。遠い将来樹林帯になるころには、パイオニアたちは消えてしまう。大勢の種の勢いに太刀打ちできずに負けを認めるのである。孤軍奮闘していた時代しか世に姿を残せなかった孤高の花といえよう。

孤高の花にみずからを投影して、孤高でいたいと感じた時代もあるが、人間はそう単純にはできていない。ともに生きともに山に登るのが楽しい、お花畑の群落の一輪でありたいものだ。

先ほどの言葉をあらためて清書してみよう。

「山に登るのは、苦労の自作自演だ」

この意見は的を射ている。だれかに頼まれるわけでもなく、無理やり登らされるわけでもないのに、ヒィヒィ大汗をかいて急坂であえいでいる。仕事でもないばかりか、レジャーというには、あまりにも苦労が多い。その苦労とは、あえて苦労のなかに飛び込んでゆく自作自演なのだと指摘している。

この言葉を聞いた途端、頭の中では、《山》から《役者》に置き換えていた。役者の生活なんて、苦労の自作自演かもしれない。だれに薦められたわけでもなく、してほしいとねだられたわけでもなく、自分が自分で勝手にはじめただけ。

となると、いろんな職業の方は、ドキッとするかもしれない。自分がいまやっている仕事は、ひょっとしたら、苦労の自作自演なのか？　違うとは言い切れない何かにドキリッとするかもしれない。

あえて、わざわざ、火の中に飛び込んでいく行為。仕事だけでなく、趣味の世界や長旅などでは、苦労が多い。そこにわざわざ飛び込んでいくのは、明らかに苦労を自作自演している。

ではなぜ、ヒトは、そんな行為を好むのだろうか？　本能だろうか？　それとも種の存続のためには、必要な性質なのだろうか。いずれにしても、この行為には反省という言葉はない。「好きではじめたことだから」という大義名分の看板が掲げられている。看板をひっくり返したら、裏にこう書いてあるかもしれない。

「文句あるか」

遥かなるたぬきうどん

「滝が凍る」

この言葉が信じられなかった。どうどうと落ちてくる水が凍るとは想像外のことだった。現象としては、「火が凍る」と言われたに等しい衝撃がある。

冬に山へ行くと、凍った滝をしばしば見る。大きく堂々とした膨《ふく》らみを氷がつくりあげている。鍾乳洞《しょうにゅうどう》でみるフローストーン（鍾乳石）そっくりである。形成過程が同じなのだと気づく。

そう考えれば、滝が凍るとは、大量のジャンジャン落ちてくる水が凍るのではなく、鍾乳石がしたたり落ちる水で成長するように、チョロチョロと、したたり落ちてくる水が徐々に凍るのだと理解する。できあがった氷瀑《ひょうばく》が、いかにもザーザーと流れ落ちるさ

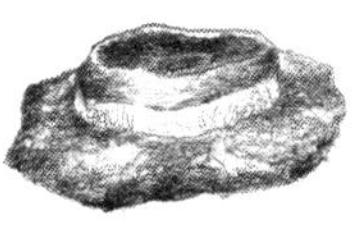

まを表現しているので、ザーザーがそのままカチンと凍るのだと錯覚してしまうのだ。つまり一昼夜で、でかい氷瀑ができるのではない。長い日にちをかけて、成長してゆく。

気温の低い山中で、人工的に氷瀑をつくる人たちがいる。その滝を登攀《とうはん》しようというのだ。クライミングジムのアウトドアバージョンである。マイナス10度ほどの環境のなか、ホースで細いシャワー状にした水を吹きかけてゆく。気温との関係で、水が多すぎると、固まらないし、少なすぎると、上部だけが膨らみ、下部に氷が成長しない。壁をつくるには、それなりの技術がいる。そして、硬い氷をつくらなければ、登攀道具を突き刺したとき、バリンッと割れたら、元も子もない。

氷瀑を登るには、アックスというカマキリの鎌《かま》のような、鋭い金属の道具が2本いる。両手でつかみ、切っ先をガツンッと氷に突き刺して登ってゆく。やはりカマキリが登っている姿に似ている。となると、この本を紹介するしかないだろう。

「カナカレデスとK2に登る」ダン・シモンズ著
カマキリの形をした宇宙人カナカレデスとK2に登る話である。これだけ聞いたのでは、意味が理解できないと思うが、現代の登山界の全体像がみえてくる。著者のダン・シモンズも、アックスの形からカマキリを連想したのだろうか？

アックス繋《つな》がりで、この落語はいかがだろうか？　落語家に《林家彦いち》さんがいる。創作古典落語を掲げて、さまざまなお話をしている。そのなかのひと噺《ばなし》。

《遥かなるたぬきうどん》

マッターホルンにたぬきうどんの出前をする話である。なんとも壮大かつ奇想天外な話であるが、じつは彦いち氏は山登りをする方である。ヒマラヤにも足を運んでいる。さすがにマッターホルンには登っていないが、アックス２本を持った動きを扇子２本で表現し、ガシガシと登りを語る。

この噺をしている最中の彦いち氏の両腕の位置がおもしろい。岸壁に突き刺した扇子（アックス）の位置がまったく動かない。話している最中、あちこち顔や胴体を動かすのだが、扇子の位置がピクリともしない。すると、本当に岸壁を登攀しているように感じるのである。いわゆる完璧なパントマイムである。

落語家という方たちは、蕎麦《そば》を食ったり、酒を飲んだりとさまざまなパントマイムを演じるが、アックスをあれほど見事に扱える噺家もいないだろう。しかも扇子を２本使うという、いってみれば噺家として違反行為すらしている。創作落語とは、いかに逸脱を楽しむものかが分かる芸である。

そもそもこの噺は、彦いちさんの師匠であるいまは亡き円丈さんがつくられた作品なのだが、氏もマッターホルンに登ったわけではない。ゆえに不具合な部分があったりする。それは、アイガーの岸壁だろうと思える箇所《かしょ》があったりするが、彦いちさんは、知っていて原作に忠実に語っている。いつか、山小屋で《遥かなるたぬきうどん》を披露してほしいと願っている。

もちろん、山好きの師匠の落語を山小屋で聴けば、その臨場感はたまらなく登山者に届くだろう。それよりも、彦いちさんのまくら話が山小屋向きなのではないか？「まくら」とは本題の前の導入の語りなのだが、寄席では、彦いちさんのまくら話があまりにもおもしろいので、観客もつい聞き入ってしまう。すると本人もつられて長々とまくらをつづけてしまう。その結果、本題が途中で終わってしまったりする。それは、寄席ではひとりひとりの時間制限があるからだ。

そこを山小屋でとなれば、どうとでもなる。食事のあとで山にまつわる落語を一席、なんていかがでしょうか？

頂上の標識

山の頂上には、その山の名称を書いた標識がある。国土地理院に載っている山ならば、ほとんど間違いなくある。木造りであったり、コンクリートであったり、金属のプレートであったり、それぞれ意匠をこらしている。

時に雨風で風化し、肝心のプレートが地面に落ちてしまい、そのまま転がされてあったりする。登山者は、それを手で持って記念写真に収まったりしている。

神奈川県の三浦半島にある山、《畠山《はたけやま》》の頂上の標識は、これまで見た頂上標識の常識を超えていた。

木の枝からぶら下がっている。頂上とはそこがもっとも高い場所ゆえに、標識は地面に置かれてある。地面に埋め込む形で立っている。

ところが、どういうわけか、木の枝にぶら下げる、という選択をしたようだ。畠山の頂上はやや広い平地となっており、いちおう三角点らしきものはある。しかし、周りが繁った樹木に囲まれ、頂上感に欠けている。ぼんやりしていると、「ここが頂上らしいネ」程度の感想で通過しそう。頂上をアピールする目的なのか、目の高さに標識を、どなたか親切な方が木の枝に吊るしてくれた。これまで見たことのない《吊るし標識》である。

ここで、アナタは疑問を抱いたネ。

「どなたか」とは、どなたか？　標識は、地元自治体、登山クラブ、有志個人などが、自費でつくっている。有名どころは、自治体であったり、国がつくったりしている。ところが、地元の裏山的な低山の頂上標識は、有志が手作りするケースが多い。岡山の和《わ》気《け》アルプスにある標識にいたっては、手作り感満載で、その標識巡りの山行といっていい。《和気アルプス》という名称自体、どなたかが名付けた愛称らしい。

それにしても、畠山の標識は、変だ。何が変だといって、もっとも高い場所といわれる頂上で上からぶら下がった標識に、頭をぶつけるって変じゃない？

てなことを考えていたら、ある山の上でおかしな標識を見つけた。

琵琶湖のほとりに、《霊仙山《りようぜんざん》》がある。標高は1096メートル。琵琶湖を見下ろしながら、登ること3時間。頂上に着いた。山頂の標識に標高が書かれてある。

《霊仙山山頂1084m》

あれっ、案内書には、1096メートルと書いてあるのに、どういうことだろう？　木が一本も生えていない山頂に立ち、青々とした琵琶湖を眺めながら、ふと後ろをふり向いた。すると…

背後に、ほんの少しだけ高い部分があるような気がする。気になるので行ってみた。5分も歩くと、そこに新たな標識がスックと立っていた。

《霊仙山最高点1096m》

なんですと！　山頂より、12メートルも高い所があるのですか？　その近辺でもっとも高いから「山頂」と呼ぶのではないのか。なのに、「最高点」とはどういう意味だろうか？

しばらく腕組みをして考えていたのだが、埒《らち》があかない。いったん座り込み、琵琶湖畔で買い求めたオニギリをほおばり、作戦を練る。作戦とは大げさだが、ナゾ解きのために腰を据えようとしたのである。

その昔に、だれかがこの山に登ったとしたら、もっとも高い場所を山頂とするだろう。木も生えていない山のてっぺん近くで、間違いなど起きそうにない。ふむ…なにも考えつかないので、山頂と呼ばれたほうに戻る。そこで、ドンと腰をおろしてみた。琵琶湖畔の町並みがくっきり見える。水面には、小舟が浮かんでいる。そうか！　いにしえの琵琶湖畔の人びとが村からこの山を見上げたら、いかにもテッペンに見える場所はココだ。どなたかが登ってきて旗を振れば、そこが頂上となる。だからココを山頂と名付けた。当然、旗を振った人も後ろをふり向き、ちょいと高い部分を見つける。

「アッチのほうが高いな」感想が浮かぶのだが、村人には、山頂の場所を変える意見は出せそうもない。

「ええいままよ、山頂と最高点を二つつくっちゃぇ！」

てなことがあったかどうか分からないが、たぶん推測はあながち間違いではないだろう。自分の推理にニンマリしていたら、山頂と最高点が違う場所にある山を沖縄に見つけた。

本島最高点の山《与那覇岳《よなはだけ》》標高503メートル。この標高が最高点である。しかし、森の中、いわゆるジャングル内に標識があり、樹々に囲まれ見晴らしはまったくない。そこから5分のところ、標高498メートルのところが広場になっており、三角点が設置されている。つまり山頂！　この山頂とて、笹薮《ささやぶ》に囲まれ、見晴らすことはできないのだが、きっとその昔は刈りはらわれ、眼下の村が見通せたと思われる。つまり、琵琶湖と同じことが起きたと信じたい。

「お〜い、ここが山頂だぁ〜　旗が見えるかぁ〜」

「おお〜　旗をふりよるぞ〜　あそこが山頂だぁね」

（いちばん高い場所は、黙っておこうネェ〜）

と…ここで話は終わらない。新潟の百名山、巻機山《まきはたやま》のてっぺんには、なんと頂上標識がない。壊れたとか、風で飛んだとかではないらしい。写真を撮るべきもっとも高い箇所には、登山者たちが積んだケルンがあるだけ。「たぶんココが頂上じゃない？」と言いながら、写真に収めている。登山者たちがさして疑問に感じていないふうなのが、不思議なのだが…

池塘はアチラの世界への入り口

山の上の標高の高い場所に、小さな池がある。《池塘《ちとう》》と呼ばれている。回りに木が生えていない湿地帯の草原に、ポツンと池がある。開けている場所なので、水面に青空だの、遠くの山だのが映る。美しい！　だれがどうカメラを構えても、かなりのレベルの写真が撮《と》れる。それもひとつや二つでなく、無数に池塘が点在している。

専門家に聞いた話では、その昔の日本では、平地にも池塘があったらしい。しかし、湿地自体が嫌われ、つぎつぎに埋め立てられ、宅地などに変わっていった歴史があった。その結果、池塘は山の中だけに残ったのである。そして、登山者の目にしかとまらなくなった。それも、雪のたくさん降る北国の山にしか見られない。

以前、《山カフェ》で、池塘をとりあげた。そのとき、池塘の漢字をどう表現するか

で頭を悩ませた。なんたってラジオである。言葉だけで、伝えなければならない。本番前に、スタッフとアイデアを出し合った。

「チは池をこう呼ぶでいいよネ、水源池とか言うし」

「問題は、塘の漢字ですネ」

「土へんに、映画〈唐獅子ぼたん〉のカラはどうだい？」

「石丸さん、それ古いかも」

「中国の唐の時代の、トウってのは？」

「一瞬で漢字が思い浮かびませんでした」

「大分カラアゲの唐はどうだい？」

「あれって、カタカナじゃないんですか？　大分は言わなくていいし」

「トウヘンボク！」

「なんですって！？」

「いや、唐変木の、トウはどうだろう？」

「よけい、わかりません（漢字があるの？）」

「あっ、コレがあったゾ。唐辛子のとう」

「あまり漢字で書きませんネ」

「(小声で) 七味唐辛子って書いてるけんど」

「日本の地名でありませんか？」

「そうか…唐津《からつ》焼《やき》の唐という漢字」

「…ま、それにしますかネェ…」


っということで、本番はこうなった。

「チトウの漢字は、チは池という漢字、トウは、土へんに唐津焼の唐《から》いう漢字でトウと読む」

やや強引なきらいがあったが、佐賀県の唐津焼の知名度にかけた。心のどこかに、唐獅子ぼたんを引きずりながら…

ところで、池塘を山の上で見るたびに思うことがある。
《池塘は別世界への入り口》
不思議な国のアリスのお話では、鏡が別世界への入り口になっている。そこからの発想といえるのかもしれないが、あの鏡のような水面を見せてくれる池塘は、もしドボンと飛び込んだら、どこか向こうの世界に飛び出すのではないかと想像が膨《ふく》らむ。

とはいえ、試すわけにはいかない。池塘は、立ち入り禁止である。自然保護の観点から、すべての池塘に踏み込んではならない。登山道以外を歩いてはならないのである。なんたって気の遠くなるような時間をかけてできた池塘。たった6畳ほどの小さな水たまりができるのに、人間の歴史をはるかに超える時間が要《い》る。

池塘の水の供給は、雨しかない。つまり空からだけ。川などからの注ぎ込みがない。溜まった水は自然乾燥するだけ。長い間、雨が降らなければ、干《ひ》あがる。実際、干あがった池塘を見たこともある。深さ30センチほどの平たい窪みの中に、草が生えている。別世界への入り口を失った感覚が残念だ。

青空を映し、白雲を映し、遠くの針葉樹の先っちょを映し、時にそびえる尖峰《せんぽう》を映したりする。登山道が反対側に回り込んでいれば、そこに立つヒトも映る。

ところが、この池塘に動物が映った写真は見たことがない。なぜか？　池塘とは、周りに樹々のない開けた場所にしか存在しない。そんな危ないところに鹿だのの動物はやってこない。水を飲みにくるにしても夜である。山の中の動物は鹿を含めほとんどが、夜行性。

もし、池塘に映る動物を撮りたければ、夜用に設定したカメラを据え置き、辛抱強く待つしかない。それはそれで、驚くような写真になるだろう。池塘に映る夜空に流れ星が過ぎさるかもしれない。ＵＦＯが映らないとも限らない。まさかアッチの世界が映るとは思えないが、（ひょっとして映るんじゃないか）という想像が膨らみ、登ってしか行けないはるか山の中に歩みを進めている。

山小屋のピアノ④八ヶ岳

《赤岳鉱泉》

レストランの階段の下に、ひっそりと電子ピアノが置いてある。ピアニストがやってきて演奏会をひらく。この小屋の夕食には、ステーキやトンカツが日替わりで登場する。食後のワインをたしなみながらのピアノのメロディ。真冬には窓の外は吹雪だというのに、風呂あがりにドビュッシーの曲を聴いていたりする。そう、鉱泉を沸かしている風呂があるということは、水が豊富なのだ。となればアレが食べたい。「手打ち蕎麦」。蕎麦職人にも山好きな方がおられるだろう。ぜひ、常駐でいてくれたらと願ってやまない。風呂に入ってピアノを聴きながら蕎麦をくらう。となれば、日本酒をザックの中に――

第5章 ふふっ…

鹿の看板標識

この道路標識を見て、アナタは何を思うか？　日本中（沖縄を除いて）、この標識にお目にかかる。イラストは、鹿を描いている。オス鹿の勇ましく跳躍《ちょうやく》する姿である。いわずと知れた、《動物注意》の看板。《飛び出し注意》の看板。

ここで、アナタに訊《き》きたい！　イラストのような鹿が跳び出してきたことがありますか？　ありますか？　二度も、くどく問いかけたのは、「ない」という答えを期待しているからだ。もし、「ある」と手を挙げたかたは、北国の方だネ。さて…

北海道の道を車で走っていた。とにかく、信号もない、急角度の曲がりもない、コンビニもない真っすぐな道を、ひたすら走っていた。ある意味、景色がほとんど変わらなかった。北海道の道は、眠くなる。だから時折、クランクを設けて、真っすぐにしない

ようにしてある。それでも、眠くなる。

いいことに北海道の道には、パーキングがアチコチにある。

「どうぞご自由に」

とまで書かれた看板に惹《ひ》かれて、車を停《と》める。

バタンッ、シートを倒し爆睡する。

ガバッ、15分後に目が覚める。

運転の再開だ。しばらくすると、片側一車線ながら真ん中に分離帯のある、まるで高速道路のような道になってきた。と感じたそのときだった。

前後まったく車がいなかったハズのはるか先に、自転車のような物体が見える。

自転車の後部が、《白い》。どんどん近づいていくと、突然白い後部を持ったそやつが、走り出した。えええ〜〜〜

「鹿なの…」

厳密には、エゾ鹿である。車の接近に驚き、止まった状態から全力疾走をはじめた。こちらは、時速60キロからの急激なスピードダウン。白い尻尾のお尻が、ピョンピョン跳ね飛んでいる。わが車の20メートル前を同じスピードで疾走している。思わずスピードメータをのぞくと、40キロ! 彼は、コンクリートのツルツルする地面にもかかわらず、ヒヅメをかいて時速40キロで走り、なおかつ、顔をうしろに向けながら、迫りくる恐ろしい巨体から、どうやって逃げようか考えている。

っと! 車線の中を左から右に斜めに走り出したではないか! はからんや、そのまま、ジャ〜〜ンプ!

反対車線へと跳んだのである。

真ん中の分離帯の高さ1メートルはある境を、軽々と飛び越えた。その姿は! そう、みんなが良く知っているあの、
《標識の形》だった。

テレビドラマで、カメラが回っているときの運転シーンには、決して両手をハンドル

から離さないようにと、躾《しつけ》けられている私が、思わず、両手で拍手を送った！　パチパチパチパチ叩《たた》きながら、鹿クンに小言をつぶやいたのである。

「あのサ、君は反対車線に車が来ていないことを確認したのかい？　私の目には、『えいままよ』としか映らなかったゾ、いいのかそんなことで！　君の先祖がモデルになって、高速道路で人間がおおいに、学習させられているのだヨ、《飛び出し注意》と銘打って、君を傷つけないようにとネ。んだから、君も、頼むから、まっすぐで固い道には、出てこないアイデアを思いついてほしい。というより、今日起きた恐怖の体験を、友人たち、親戚たちに話してほしい。私だって、いまこうして同胞に伝えているのだから、同じ想いをした同志として、伝えようヨ。じつはネ、日本で暮らす君たちに教えたいのだが、日本語の漢字では、ひとをばかにするときに、ある漢字を使うのだネ。（あっ言ってしまった）申し訳ないが、そこに君のお名前を拝借しているのサ。そんな不名誉な烙《らく》印《いん》はイヤでしょ。ボクだって、イヤだヨ。だからさぁ～～～」

んでも、今日の君の《跳ね》にメダルを掲げたい。

ウルトラＤ！　（ＤＥＥＲだけに）

鹿注意

《鹿に注意》

沖縄を除く全国、鹿注意の標識を目にする。すべて黄色い◇である。その中に、鹿が右方向に跳躍する絵が描かれてある。道路公団が作成したイラストだと察する。さて、アナタに問いたい。いままで見てきた鹿注意の標識は、全部同じでしたか？　では、北海道の鹿注意標識を見てみよう。まずは、コレ。

アナタが見ているのは、この標識ですか？　鹿の角《つの》にしっかりと目を向け、記憶してください。

では、つぎにコレ。

よく見れば、角が微妙に違う。では、コレは？

明らかに角の形が違う。「ちょっとだけ間違えました」レベルではない。イラストレーターの思惑は何だろうか？

1：ずっと、同じ絵を描いてきて、飽きてしまった。

2：見る人たちが同じ絵だと、注意しなくなっている。

3：違う絵を描くと、イラスト料が、ふたたび入る。

では、違う絵が、アトランダムに立てられているのは、なぜ？　この疑問もハテナのままだ。では、つぎにコレを見ていただこう。

鹿の子供までが渡ろうとしている。さすがにバンビの登場

とあっては、運転手はアクセルをゆるめる。効果絶大であろう。それならばと、こんな標識に出くわす。

なんだなんだ鹿の大群じゃないか！　こうなると、ブレーキまで踏んでしまう。

「ほんまかいな！」疑いまでおこってしまう。もはや、鹿注意の範疇《はんちゅう》をこえ、鹿の暴走族である。鹿におどされている。

ぶつからないならば、会ってみたいとさえ思う。望むらくは、先頭の鹿の角に、黄色い旗をつけてもらいたい。暴走族とまでいわれてしまった鹿だが、これらの標識には、鹿注意とは書いていない。《動物注意》である。鹿は、代表選手として、損な役割を担わされている。

クマやキツネは、シメシメとどこかで、お馬鹿な鹿を笑っている。そんなだから、漢字に名前を使われるのだと、指さ

している。これらの標識の役割に納得しない来道者のために、（北海道に外からきた人は、来道者と呼ばれる）おなじみのこの標識でなじんでもらおうとしている。

そして、たまにイレギュラーな標識もある。んで、わたしも忘れないでネ

飯士山

あれはススキがなびいているころだから、秋のはじめだったろうか、新潟県の山をめざしていた。

《飯士山《いいじさん》》

川端康成の《雪国》の冒頭で、「国境の長いトンネルを抜けると雪国だった」と言わしめたところにあるのは、湯沢温泉である。駅に降り立ち、目の前に聳《そび》える山を見あげる。その山が、飯士山。

標高は、東北大震災の前は1111・8メートルで、四捨五入すると1112メートル。ところが震災後50センチちぢみ、1111、3メートルとなり、1111メートルと正式に改められた。世にいう連番である。

飯士山

この近隣の町では数年前から、11月11日に飯士山の清掃登山をはじめている。ついでにお祭りにしてしまい。終わったあと、参加者でひと盛りあがりの野外ご飯をいただいている。自由参加で、参加費は1111円。さらに、お米を1111粒、山に奉納するそうである。その時間も決まっている。11月11日、午前11時11分11秒

ここまで徹底されると、気持ちがいい。なぜ、これを知っているかというと、たまたま山の頂上直下で、登山道を修復されている方たちに出会った。聞けば、この町の観光課の方で、危ない箇所をトンテンカンやっているのだとか。ついでに、11月11日情報をお聞きした次第である。

なんたって山の名前が、いいじさん。数字で表せば、1123。

そして、この情報を聞いた筆者の誕生日が、11月1日だというのだから、こりゃめでたいめでたい！　いや、おしい！

墨絵を描く

《岳人《がくじん》》（モンベル出版）
月刊誌に、毎月墨絵を載せている。載せながら、エッセイを添え書きしている。添え書きといいながら、ニワトリが先か卵が先かのようで、どちらが主体か定かでない。描いている時間は、ブツブツと何かを語っている時間ともいえる。その語りが、そのままエッセイとなる。

６６歳になって墨絵を描きだした。それまでは、絵というモノはほとんど描いたことがなかった。サインを頼まれた折に、漫画のような絵らしきモノは描いたことがあるが、漫画家に失礼なほどの出来栄えであった。

つまり、絵を描く作業、イコール文章を書いている。違う言い方をすれば、どっちゃ

でもいいのである。ずいぶん無責任な言い方にとれるかもしれないが、仮に私が、刑務所の中にいるとして、「どちらかを選びなさい」と、絵筆かペンかを選択させられたとしたら、まあ、どっちゃでもいいのである。

仮に私が、無人島にひとりでロビンソン・クルーソーをしていたとして、「どちらかを選びなさい」というのであったら、それでも、どっちゃでもいいのである。では、こう言い換えよう。

仮に私が、山の中でテントの中でひとりぽっちでいて、「どちらかを選びなさい」と二者選択をせまられたのだとしたら、絵筆を握ったまま、絵を描いたり、筆で文章を書いたりするだろう。

ひょっとすると、絵のような文字を書くのが理想かもしれない。言い換えれば、書道の世界に近いのかもしれない。

あるとき、それに気づいて、書をしたためてみた。コピー用紙に、頭に浮かんだ絵のような文字を書き（描き）、壁に貼った。うしろに下がって眺めた。こうべを垂れ、感想が漏れた。

「才能ないナ」

墨絵はスケッチブックに描いている。スケッチブックに描くと、失敗したからといって、一枚だけ、破り捨てるわけにはいかない。そんなことをしていたら、スケッチブックでなくなる。失敗は受け入れなくてはならない。いまのところ、大きな失敗はない。失敗しても破り捨てない覚悟が勢いとなり、助けてくれている。

墨絵とは、失敗しやすいのだ。白い部分は、「残す」という作業になる。残す部分に一滴でも墨を落としてしまうと、消すことができない。たとえば、〆という記号を描くとする。

〆がうどんだとして、立体的に描く場合、白い麺《めん》が白い麺をまたぐ部分ができる。白い麺の線を間違って両方描いてしまうと、麺の上下がデタラメになる。やっちまったと気づいても遅い。

もっと複雑になるのは、「湯気」を描くとき。もやもやとあがる湯気。白を残してゆく。残してばかりだと、ただの白い画用紙となる。そこで、湯気の向こうに透《す》ける物体を描いていく。この塩梅《あんばい》がむつかしい。何を残し、何を描くのか？　つねに、頭の中で出来上がりを想像していなければならない。

墨絵において「白を描く」とは、「光を描く」という、矛盾した行為に踏み込んでいる。漫画であれば、光を線で表せる。墨絵では、なんとか線を使わずに表せないものかとくふうしている。ああやったり、こうやったり、《見えない光》と格闘している。

夏に尾瀬の絵を描きたくなった。尾瀬は、大切に残された場所である。その昔ダムの底に沈められる計画があり、こころある方たちの反対で守られた歴史がある。文明のギリギリの隙間に残された、美しいという言葉をてらいもなく使える景勝地になった。

「オレは、高尾山にすら登れないんだから、尾瀬にでも行くしかないナ」とうそぶく友人がいる。尾瀬に「でも」をくっつける彼は、尾瀬を原宿かなにかと勘違いし、尾瀬にタクシーで乗りつけようとしている。そんな人にも尾瀬は平等でありつづけている。

あの広いひろがりをどう描いたらよいのか？　まず画材屋でいちばん大きな画用紙を買ってきて、108×40センチにカットした。同時にベニヤ板を同じ大きさにノコで切る。画用紙を張りつけ、《水張り》する。水張りとは、画用紙に水を吹きつけ、乾くとパリッと張るので、墨で描いたのち、シワシワにならないやり方だ。これは、知りあった絵本作家さんに教わった。

わが墨絵は師匠がいないので、決まりごとはない。何をどういうふうに描いてもいい。

そして、最大の利点は、何をやっても叱られないのである。これは楽しい。

さて、尾瀬の絵をどこから描こうか…思い出すのは、広い草原と、遠くにつながる至《し》仏山《ぶつさん》。鉛筆で簡単に下絵をかいてみる。そこに、非常に薄い墨をすり、筆で塗りすすむ。ここから20段階ほどに分けて墨を濃くしてゆく。どうしても濃い墨で描きたくなるのをグっと我慢して、薄く薄く塗ってゆく。だから描きはじめにだれかが見たら、いったいなんの絵なのか分からない。ぼんやりしたつまらない落書きにしか見えない。

５時間も没頭していると、尾瀬のさまざまな光景と思い出がよみがえる。黄色い大きな花ニッコウキスゲの横にたたずむ年配のご夫婦。池塘《ちとう》のほとりのベンチに腰掛けてお弁当を食べている親子。夜ともなれば、平家ボタルが飛びかい、淡い光に空の星との区別がなくなる。朝には、ほぼ毎日霧がかかる。霧の中から80キロの荷物を背負ったボッカさんが、ズボッと現れるさまは、尾瀬を尾瀬たらしめている風物詩である。

絵は一週間かかった。とはいえ、絵とはどこでやめたらいいのか、やめどきがむつかしい。「よし完成！」と声を出して筆を置いても、つぎの日に、また描き足したくなる。それが、いつまでもつづく。どこかで踏ん切りをつけないと、どんどん墨が濃くなって、暗い絵になりかねない。やめる勇気もいる。

尾瀬の絵は、画用紙を適当に切ったので、額がない。すぐさまホームセンターに走り、木材と透明アクリル板を買ってきて、自分でトンテンカンつくりだした。四角いから簡単だろうと高をくくっていたら、斜めのラインがあるのに気づいた。前面の４本の長い板は交わるとき、４５度の切り込みでつながっている。その角度でピッタリ合わせなくてはならない。

まともなノコギリも持っていないのに額がつくれるのか？　そこは、絵と同じで師匠がいない利点をおおいに発揮して、「叱られないのでこんなもんつくりました」の完成となった。

山の中のソフトクリーム

　毎朝、起きるとすぐに、チョコを食べている。目が覚めるためではなく、覚ますためだ。袋に９５％と書いてある。何が９５％なのか分からないのだが、食べた感じでは、市販のなかで、もっとも甘みが少ない。苦《にが》みばしるビターである。
しかし、私にとっては、これくらいがちょうどいい。甘すぎるチョコは、舌《した》に残る。たしかに、９５％チョコをはじめて食べたときには、甘味の少なさに、「なんだコレは？」千切った袋を見直したものだが、慣れてくると、これでもたっぷりの甘みを感じる。人間の舌は、つねに探求心を忘れないようだ。ありがとう。

　時折、山の上で仲間に、チョコを貰うときがある。ふつうのチョコ。登山中は、甘いモノは、ものすごく甘く感じる。レモンなどのすっぱいものまで、甘く感じさえする。

そんな状況で、ふつうのチョコを食べると…これはこれは、得も言われぬ甘みのはげしさに直撃される。「♪～鯛《たい》やヒラメの舞い踊りぃ～♪」信じがたき旨さに、もとの世界に戻りたくないほどの眩暈《めまい》すらおこる。

しかしながらだれにもおこるワケではない。ふだん、甘味のあるモノを食べていないせいだと思える。そんなとき、悪魔のささやきが…

「もうひとつ食べます？」

「ああ、いやひとつで充分」

なにげない顔をして断る意志をはぐくんだ自分に、拍手をおくりたい。

ところが、下山したところのバスのターミナル駅、たとえば上高地のバス停の近くには、ソフトクリームの大きな立体模型が置いてある。真っ白な身体をねじり、薄茶色のコーンのズボンを履いている。あの誘惑ははかり知れない。

たとえば、クレープだとかお饅頭《まんじゅう》だとかの場合、店の看板に文字の張り紙がしてある。これみよがしの張り紙で、甘いモノ主張の宣伝がまかり通っている。なのにソフトクリームの場合、立体模型のみがドデンと置かれてあるだけ。「はい、もう分かってますよネ」と、なんの説明もない。

たしかにみんな分かったので、登山者はザックの中から財布を出しながら、穂高連峰を攀《よ》じ登ってきた結果のヨロける足の最後のチカラを振り絞って、売り場に向かう。「ひとつ下さい」窓口のお姉さんに注文する。「どれになさいます？」バニラかチョコかミックスかと問われている。ウッ…この選択はつらい。

ふだんの街中ならば、簡単に名指しできるが、いまは山から降りてきた甘味飢餓状態のヒト。できることなら全部と言いたい甘いモノ飢餓になっている。うぅぅ〜日焼けした顔面が紅潮し、お姉さんを睨《にら》みつけている。バニと言いかけて、チョまで口から出かかったところで、「ミックス下さい」。これでことなきを得る。

貰ったミックスソフトクリームを舐《な》めながら、バス停に向かうと、コンクリートの上に染《し》みがある。どうやらコレは、先人が落とした溶けたソフトのカスだと知る。おそらく——甘いモノ飢餓状態でソフト売り場にやってきて、模型ソックリを買い求めた。おつりを貰う間も待てなく、ペロリとはじめる。登った山頂付近はかなり寒かったのからくらべれば、上高地の気温は高い。早く食べなければ溶けてしまう。ペロペロペロリ…

「お〜い、バス出るゾ〜〜〜！」隊長のドラ声が響く。

ザックをかつぎなおし財布をにぎり、それ急げ、やれ走れ、ペロペロタッタペロタッ

松本駅行

タ…あれれっポタンっ、まだ半分も食べていないソフトクリームが折れて落下したのである。ウグッ

登山者とは、いってみればアスリートである。７時間も山に登れば、フルマラソンしたのと同じとさえいわれている。スポーツマンは甘いモノに飢えている。アスリート力があればあるほど、甘いモノを欲しがる。欲しがる欲求を我慢しているのが、アスリートなのだが、登山者は、ご褒美《ほうび》として、登り終わったあとに、最高のご馳走として、ソフトクリームを自分に金メダルのように捧げる。捧げやすいように、自由の女神の右手に握られている炎の形をしているのである。アレはあまりにもズルい！

サンフラワー号

　とある部屋の中のドアを見ている。

　それは、シャワールームのドア。トイレのドアともいえる。ハンドルを握りガバと開けた。開けるのに結構チカラの要《い》る抵抗のある硬《かた》いドアだった。９０度開けたところで手を離した。するとなぜか、開いたままになっている。そこで、グイとばかり４５度まで閉じてみた。あら、４５度で止まった。

　ふむ、このドアは開けたり閉めたりのときに、手を離した箇所で止まる。ある意味不思議なドアで、これまで見たことがない。なぜだろうか？　アナタは、この謎《なぞ》が解けるだろうか？

　アナタのおうちや会社のドアは、開けたら勝手に閉まったり、あるいは、開けると、

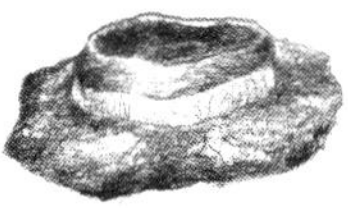

その勢いの反動で閉まったり、《静止》を知らないドアではありませんか？　そう、《静止》に、このドアの答えがある。

《サンフラワー号》

茨城の大洗《おおあらい》から苫小牧《とまこまい》まで就航している大型フェリー。豪華客船ではないが、それと同じくらい大きな船である。「北海道に車ごと乗り込み、旅行がしたい！」はるかなる願望がある。

飛行機ですっとんで行く時代があり、新幹線ですばやく行く時代に変わり、それでも、船でどろ～んと揺れていくロマンに惹《ひ》かれる。

大洗港から憧れの船に乗り込んだのは、真夏まっさかり。港で船を見たら、あまりの大きさに口あんぐり。水面から上に7階建てのビルが聳《そび》えている。スマホで撮影しようとして思いっきり後ろに下がっても入りきらない。

個室を予約した。窓のある部屋《オーシャンビュー》とパンフに書いてある。グレードでいうと、全体の半分あたりらしい。5階にその部屋があった。カードキーで入ると荷物を放り出し、すぐに船の探索に出かける。冒険といったほうがいい。なんせ、広くて上下に高い。階段を上がったり下がったり、エレベーターに乗ったり、覗《のぞ》ける公の部屋を見て回る。レストランには、すでに人が並んでいた。バイキング料理らしい。ところが、私はその列に並ばない。

車で乗りこんだということは、クーラーボックスに、飲み物や食べ物があるという意味。ボックスごと運び込んだ。ドサッ。

さて、まずは個室のトイレを確認しよう。で、ドアを開けた。冒頭のクイズに戻る。ドアが止めたいところで止まる意味？　賢明なアナタはもうお分かりだネ。船は揺れるので、自宅の部屋のドアのように、ユラユラしてはならない。手を離せば、その位置に固定しないと危ない。船ならではのドアだったのだ。

「船長です。間もなく出航いたします…途中揺れても航海に支障はありませんので、ご安心を」どこかで聞いたような（たぶん空の上での）説明があり、ドラが鳴る。いや、現代の船はドラを鳴らさず静かに岸を離れる。

その前にお風呂に入る。そう風呂もあるのです。展望風呂と書かれてある。願うらくは、《動く展望風呂》と書いて欲しかった。さっき船長が「揺れても」と自慢げにお話をされていたが、もし揺れたら、この湯はこぼれるだろうな——との不埒《ふらち》な感想をもちながら、眺《なが》めの良い湯につかる。

「自衛隊の方、食事の準備ができました」アナウンスが呼びかけている。どうやら自衛隊員が大勢乗られているらしい。姿はお目にかかれなかったが、敷設《ふせつ》してあるテレビの船用の情報チャンネルに、海難が起きた際、自衛隊の方や医者など協力を呼びかけている。

サンフラワー号は、日本列島の東北地方の東側沿岸を、ひたすら北上する。夜中に窓から外を見ると（進行方向の左側の部屋だったので）、三陸海岸の灯《あか》りがポッツポッ。夜明けには、海岸の絶壁を陽の光が照らし出す。

やがて八戸《はちのへ》沖を通り過ぎ、津軽《つがる》海峡に入ってゆく。左が青森下北《しもきた》半島、右が、北海道の連なり。つまり、この海面下にホンマグロが回遊している。大間《おおま》の船は、こんな沖まででやってこないが、思いのほか広い海域である。

大きな船とは安心感がある。揺れが小さい。小刻みな揺れでなく、ゆったりとした揺れ。横たわっているときは、さした揺れではないが、立って歩くと——街で夕方から呑みはじめて、４軒ほどハシゴし、朝方になったときの歩きに似ている。「ちょっといいですか～」お巡りさんがいたら、職務質問されそうな歩き方といっていい。

翌朝、発達した前線の海を走っているらしく、ハァ船長の「揺れても」という言葉を噛みしめている最中でハァ、そんなときは、下を向いて小さな文字を見ていたら、ハァダメだと教わったのを思い出した…ハァ

海峡では揺れが、やや大きくなったものの、人間眠るという特技をもっている。二度寝したら慣れた。テレビは、ときどきフリーズする。BS放送はまともだが、地上波はやはり届きにくい。ひと昔前のテレビを見ているような映像である。間違ってもバンバンッ、叩《たた》かないほうがいい。

すぐれているのは、船内放送である。なるべく静かにしてあげよう、という心持ちが感じられる。

放送自体が少ない。夜早めに終わる。音も小さい。聞こうと耳を傾ければ聞こえるが、どうでもいいやと思えば、聞こえづらい。「船旅では、どうぞお休みください」という親切だろうか、9時間以上静かな時間がつづいた。苫小牧着岸は、13時30分なので、寝坊オッケー。二度寝三度寝おかまいなし。(あとで見つけたのだが、音量調整スイッチがあった)

船内、親子連れ、カップル多し。我が部屋は２ベッドと、別に布団が２つ。したがって、親子４人が楽しめる。なんとなく動いているので、キャンピングカーに似ている。おまけに、クーラーボックスから取り出したスーパー御用達のディナーとビールをシコッ。

たったの２０時間で北海道！

もってけ泥棒！　ならぬ、乗ってけ旅びと！

山小屋のピアノ 5 九重山

《法華院温泉山荘》

小屋主は、ご住職である。言い方を変えると、お坊さん。寺として21代目なのだが、登山者を泊める山小屋となってからは、3代目。どういうわけか奥様のピアノを運びあげて、食堂に置いてくれた。とはいえ、奥様が弾くヒマはない。人気の小屋は宿泊客が多い。なんたって九州としては珍しい山小屋なのだから…。繁忙期にトイレに起きてみると、夜の10時過ぎても、翌朝のゴハンの準備に動きまわっていた。さらに明くる3時には起きて昼弁当すら作っている。お坊さんの奥方でこれほど忙しい人もいないだろう。いつかオカワリをつぐ手をやすめての、ピアノ演奏を聴きたいものである。

第6章 山小屋に泊まる

金峰山荘の湯船

筋肉がスジのように異様に盛り上がった男たちが、湯船の中にいる。10人ほどの若者にみえる。

みえると言ったが、定かでない。そこは、長野県にある金峰山《きんぷさん》の宿、金峰山荘《きんぽうさんそう》のお風呂だ。

彼らの筋肉は、細いボディビルダーのようともいえる。マラソンランナーのような細い体をしていながら、浮きたつ筋はタダモノではない。背中にはカニの甲羅《こうら》のような細かいスジ模様が盛り上がっている。なのに腕も足も細い。顔も尖《とが》っている。そのナゾは、すぐに解明できた。

金峰山と瑞牆山《みずがきやま》の近くに、小川山《おがわやま》という、岩が乱立するエリアがある。そこは、クラ

イマーの聖地である。岩をこよなく愛し、岩登りに魂をささげる人たちが、大挙して押しかける場所である。当然、その傍《かたわ》らに立つ宿に彼ら彼女らが集《つど》う。岩登りの仕上げに風呂にとびこむ結果となる。

「××ハングのワンフリクションのランジがなぁ～」

「○○スラブの直後のカチって、効《き》くの？」

超のつくマニアックなクライミング用語が、温泉の湯気を揺らしている。

「明日、落とせるかなぁ～」

だれかが、覚悟のセリフを吐《は》く。

「雪、来るかもしれんから、いけんじゃネ」

山や岩の世界では、来るだの行くだのの言葉がとびかう。「落とす」というのは、成功するという意味である。「落ちる」という岩登りでは縁起でもないフレーズの親戚の言葉を使っている。


そういえば、20年ほど前、伊豆半島の秘湯にいた。露天風呂につかっているのは、男4人。フリークライミング仲間と一日の疲れをいやしていた。湯河原の梅林で有名な

《幕岩《まくいわ》》といわれるクライミングの岩場で、丸一日、岩に親しんできたばかり。その4人は、身体にスジが走っている。痩《や》せているのだが、細いスジ状の筋肉にまとわれている。なのにボディビルダー特有の胸の筋肉の盛り上がりはない。おなじく湯船につかっている観光客の目が、テンになっている。「こいつら何者？」あまり見たことのない裸体といえよう。当然、質問が湯気の向こうから掛けられる。

「なにかスポーツやってんですか、おたくら」

「ええまあ、フリークライミングを」

「はっ？」

理解できなかったらしい。そこで、岩に登る遊びだという説明をコンコンとしてみたのだが、興味はないらしい。観光客が抱いたと同じ感想を、久々に、小川山の麓《ふもと》の湯船で抱いたのである。

「すんごい奴ら」

いまではスポーツクライミングと名を変えてさらに進化している岩登り。都会のジムに特化して究極の壁登りが探求されている。用語も進化している。

「ガストンで行けるんじゃやない」

両手を外側に押し出すように親指を下にして力を加える様《さま》をいう。閉まりかけたエレベーターをひらく動作に似ている。会社でやると叱《しか》られる。

「おお～、ダブルダイノやっちゃったよぉ～」

両手で跳びついてホールドを掴《つか》む動きのこと。できるかなと、隣のビルでやらないほうがいい。赤ランプの車がやってくる。

会津駒ケ岳　駒の小屋

池塘《ちとう》という、山の中にある池は、鏡になる。

世の鏡とは、ほぼ完ぺきに、被写体を移す道具であるが、池塘もかなりのレベルの鏡となる。水深が浅く、長いあいだ積もった葉っぱなどの堆積物《たいせきぶつ》が、こげ茶色となり、光の反射を著《いちじる》しくさせる。その上、浅いという条件は、波がたちにくい。周りが草で覆われているセイで、さざ波すら立ちにくい。高い樹木がないので、遠くの森林や山が映りこみ、通常の鏡以上の反射鏡となる。

会津駒ケ岳の頂上から北に向かってひろがる稜線《りょうせん》。稜線と言っても、だだっぴろい野原である。2キロ以上つづく草原地帯に、何百という池塘が点在する。その池塘をぬうように、木道が敷かれてある。木道に触れなんばかりに池塘があったりもする。ところ

が多くの池塘は木道を離れた遠くのほうまで広がっているので、全部を見ることはできない。そこでやはり、ここではドローン映像を見てみたい。なんでもかんでもドローンでは味気ないが、この一帯の空からの俯瞰図《ふかんず》はとても興味がある。

登山者が木道しか歩かないルールを守ることによって、池塘群が残された。残されたとなれば、見てみたい願望は膨《ふく》らむ。ドローンが生まれた時代以降の人しか見られない鳥の目。

穂高の岩場などをドローンで撮影している映像がある。すさまじい高度感にゾクゾクする。ところが、その岩場は人がいようと思えばいられるところだ。対し、会津駒ケ岳の池塘群の中は、人が決して入れない場所。意図された人跡未踏《じんせきみとう》の場所に行けるのである。将来的には、３Ｄ映像で見られることだろう。望むらくは、あの池塘群の中をあるいているときに、ココというピンポイントで空に飛びあがりたいものだ。

「あの向こうはどうなってるのか？」

「真っ赤なナナカマドで隠された先になにがあるのか？」

ふくらんでいる想像は、果てしない。数えられないほどの池塘の中にいると思っているが、おそらく鳥から見れば、ほんの一部しか目にしていないのだろう。別天地という言葉は、ここで生まれたといっていいかもしれない。

会津駒ケ岳には、山小屋が一軒ある。そこは、避難小屋と呼ばれる。正確にいえば、《有人避難小屋》。人が常駐しているが、食事は提供しないという意味である。（予約制）

布団はあるし、暖房もある。水は天水（雨水）を使えるから、調理場か外のテラスで、登山者は自分で食事をつくって食べる。ビールと酒類、飲み物は売ってくれる。簡単なカップ麺系のものも売っている。ゴミはすべて持って帰る。トイレは、別棟にある。おっと…

驚きは、トイレの建物。「いちおう建てました」というレベルでないほど立派。ひょっとすると、母屋より美築かもしれない。キレイで清潔に保っており、広々している。むしろ、トイレ棟に泊まりたいと思えたりする。さらにトイレの窓からの眺めがすばらしい。露天風呂とは、開放感がすべてであるのと同様に、このトイレは、開放感にあふれている。決して外からは覗《のぞ》かれないのだが、窓の外にひろがる景色の、なんと爽快なことヨ！　朝焼け、夕焼けがトイレから眺められる山小屋があるだろうか？

ある意味、日本一のトイレといえよう。

駒の小屋は、ご夫婦が小屋番としてつねにおられ、売ってくれるビールなどは、歩荷《ぼっか》している。つまり担《かつ》ぎ上げている。売る、買う、という関係では語れないご苦労と親しみがそこにある。みなの夕食が終わるころ、小屋内の暖房のきいた部屋に案内され、ご夫婦とともにしばしの日本酒タイムがひらかれる。会津の酒がふるまわれ、山談義がとびかう。ほんの１０人ほどの山仲間たちのささやかな山の上の邂逅《かいこう》。

そうそう、この小屋には電気がない。灯《あか》りはランプのみ。寝所はランプと登山者のヘッドランプ。トイレにも灯りはなく、ヘッドランプ。ヘッドランプを忘れた人は、暗闇を味わう。

夜中に、トイレに行ったついでに、小屋のほとりにある駒の池のテラスに座る。おりしも満月が、煌々《こうこう》とあたりを照らし、ヘッドランプいらず。池にモノが映るのは昼同様である。肉眼とは大した機能をもっているようで、映り込んだモノを、昼間よりくっきりと映し出す。

山の上で見る月は、とても小さい。どのくらい小さいかというと、ふだん感じる半分ほどである。そもそも月は、錯覚《さっかく》によって、月の出のときより、天頂にくると、ずいぶん小さくなるものである。

子供のころに、「お月様がついてくる！」と騒いだものだ。アレも錯覚にすぎない。

自分が歩くときに、周りに見えている山や家は、つねに角度を変える。前にあったものが横に並び、やがて後ろに去ってゆく。ところがあまりにも遠い天体は、自分との角度関係はまったく変わらない。すなわち、動かない。それによって、横にある月は横のままに、後ろにある月は、後ろのままとなり、動かないと思い込んでいる周りの景色のなかで、まるで月が動いているかのように錯覚する。（っと、こんな説明でよかったかな？）

自分が成長し知識がつくと、錯覚をおこさなくなる。ところが、《月の錯覚》は、いまだにつづいているのが不思議だ。月の出のときに大きな月が、なぜか天頂にくると小さくなる。では平地よりさらなる山の上では、なぜ天頂の月は極端に小さいのか？

ここから、国立の理系大学をめざして受験勉強し、受かったのは私立の日大芸術学部という超文系に進んだ私が、りきんで科学的な検証をしてみましょう。

標高の高い場所では、地平線は露骨に低くなる。両手を水平に広げた方向が地平線になる。こうなると、街中より月の見え方の錯覚がはげしくなると思われる。山の端や、家々や電柱などの錯覚を起こす対象物がない。そうすると、月の出から天頂までの角度と距離が大きくなり、錯覚が助長される。この論法でいくと、標高の高い場所でひらけていれば、そこで見る天頂にうかぶ月は限りなく小さい。ご理解いただけただろうか？　それとも、理系大学に落ちた理由がバレただろうか。

しかし、小さいくせに光の量は同じなので、まぶしい。月の光が、鋭い線となって突き刺さってくる。池塘にも、小さいながら強く光かがやく月があった。二つの満月は二倍の光量であたりを照らしている。まぶしいのか、おもわず片手で光をさえぎる。いや、片手では上下の二つの月はさえぎれないので、両手を上と下にかざす。なんとまあ、はかりしれない贅沢ではなかろうか…

夜も更け、お月様が限りなく小さくなってきたころ、酒の席は明日はどうするのかの話となる。私が来た道を帰ると返事した途端、みなが驚く。「キリンテに降りないの？」全員の声がそろう。

《キリンテ》？　日本語の語感にそぐわない名前。なんだろう？　全員が全員キリンテに降りるという。そういうコースがあるらしい。キリンテに向かわないなんて信じられないという顔をしている。

なにか私は試されているのか騙《だま》されているのか、キリンテなるものの正体を知りたくなる。膝をつめより、キリンテ話を深く訊《たず》ねる。しかし、そっちに行かないヒトに話してもしょうがないとばかり。ナゾが深まり、ますますキリンテが気になる。なんなのキリンテ？　地名に違いないだろうけど、いったい何があるのだろうか？

結局、だれからもキリンテの正体を明かされることなく、翌朝、すさまじい朝陽を浴びながら、池塘に映る天空のゆがみを理系でない頭で感じながら、キリンテではない道で降りたのだった。

羊蹄山に登る

「夕焼けは、晴れの予感」

「朝焼けは、雨の予感」

いにしえから語られる、観天望気である。北海道の山でずっと気になっていた山。

《羊蹄山《ようていざん》》１８９８メートル。北海道の西にある山で、こうも呼ばれている。

《蝦夷富士《えぞふじ》》

富士山と呼ばれる山は、日本にあまたある。それは、形が似ている場合や、存在的な象徴としての山として、○○富士と呼ばれることが多い。さて、蝦夷富士はどうだったのか？

驚いた…びっくりした…遠くから、この山に近寄るとその堂々たる大きさに圧倒され

る。本家の富士山の豪快さとはまた違う、圧倒感がある。全体としての体格が太い。

「いよっ、横綱!」大向こうから声を出したくなる。出したあげく、その前に立つと、俄然《がぜん》、登りたくなる気持ちが湧き上がる。

「かなりの難敵になるだろうか?」両手で両足を叩《たた》いて、奮《ふる》える。麓《ふもと》のキャンプ場でシコを踏む。

「よおし、明日、みておれ!」

しかして、明日になった。ものすごい朝焼けにみまわれた。冒頭の格言が、頭に浮かぶ。すこしでも早く登りださなければ!

早朝4時、燃え上がる朝焼けに蹴られるように登山口を出た。ウンセウンセ登りがはじまる。だんだん傾きが険《けわ》しくなると、富士山型独特の、ジグザグ登りがつづく。雨はまだこない。そのぶん、風が出てきた。8合目で、森林限界を超えた。高山の花が、疲れを癒《い》やしてくれる。その花が、強風に揺れている。9合目を越えたあたりから、ガスが出てきた。霧に包まれる。視界は、20メートル先が見えるか見えない状態。

「クィクィ」何かが鳴いている。おそらくナキウサギ。しかし姿は見えない。ネズミをもう少し大きくしたくらいの体格なのだが、保護色で周りの景色と同化しているらしい。

やがて、富士山同様、お鉢《はち》のフチに出た。ここから、半時計まわりに、《岩登りコース》を伝う。文字どおり、両手両足を使っての登り歩きになる。視界が悪いのに、風は強い。着ているレインウエアが、バタバタ！

頂上までずいぶん時間がかかった。朝焼けを見てから６時間。標高差１５００メートル。羊蹄山の頂上のお釜《かま》は、直径が７００メートル、深さ２００メートルあるらしい。らしいという情報だけ知っているのだが、目の前に見えるハズの壮大な景色が、朝焼けの予感のセイで、隠されている。

さあ、ここからがしんどい。山は下りの方がツライ。結果、霧で体がビショビショになりながら、１１時間かけて、横綱登山を終えたのだった。ちと時間がかかりすぎた。ここで夕焼けが出るほど、山の横綱は微笑《ほほえ》んでくれなかった。

羊蹄山の中腹に、《避難小屋》がある。避難小屋とは、天候悪化やケガ人が出たときなどに、急遽《きゅうきょ》逃げ込む小屋である。しかし、いまでは、避難小屋を最初から宿泊地として、計画に組み込む登山もある。そもそも、山小屋とは、すべて避難小屋という考え方がある。山小屋の創成期には、避難する小屋として建てられたところが多い。だから、基本的には、ジャンルとしては、

山小屋＝避難小屋

と考えるべきなのだろう。とはいえ、最近の山小屋は、設備がかなり良くなり、トイレも充実しているところも増えた。食事とて、カレーだけというところは少なくなった。避難小屋泊まりのツアーすらある。北海道にその傾向が強い。常駐の方がいない小屋が多いので、その小屋を寝所として利用する。もちろん、シェラフ（寝袋）や食料は各自持参。雨露をしのぐだけの場所。予約制でないので、行ってみたら満杯なんてこともある。人気コースには、テントも担《かつ》いで行かなければならないケースもある。（コロナのセイで、予約制も増えた）

ところによっては、管理人が常駐しており、料金を払う避難小屋もある。ただし、布団もあり、お湯もいただけるというサービスもある。したがって、山登りのジャンル分けをしてみると、こうなる。

1《テント泊登山》
2《避難小屋登山》
3《山小屋登山》
4《日帰り登山》

数字が小さいほど、過酷になる。担ぐ荷物が多くなるため、重労働となる。

2の避難小屋登山を、二つに分けて説明した。常駐の方がいる場合といない場合。いる場合は圧倒的に登山者の負担が減る。では、羊蹄山の避難小屋の場合はどうなのだろうか？

9合目、お花畑の谷の先に、ポツンと建っている。２０１４年に新しく建て替えられた。常駐の管理人（自然保護監視員兼務）の方がいる。

２０２３年は、コロナの影響で、布団のレンタルはしていない。

水、食料などの販売はしていない。人数制限している。テントは張れない。

休憩やトイレなどの利用協力金を払う。

日帰りできる山なのだが、「あそこに泊まってみたい」と思わされる美しさが9合目に満ちている。7~8月には、高山植物の花が咲き乱れ、9月となると、草紅葉がひろがる。独立峰なので、景色は壮大である。《避難小屋》言葉の響きは怖そうだが、登山者にとっては、生き死にをかけたときの、よりどころになっている。

法華院温泉山荘

秋の山の山頂付近が赤に染まることがある。年によって、その色づきは変わるが、時に、とんでもない真っ赤に染まることがある。《大船山《だいせんざん》》が、そうだった。毎年あまりにも見事な紅葉のために、多くの登山者が訪れる。

大分県の九重《くじゅう》連山のひとつ、標高1786、2メートル

九重連山のなかで頂上とされるのは、《久住山《くじゅうさん》》1786、5メートル。

50年より前、どちらが高いかで論争があった。いまのように、レーザー測定だの人工衛星からの測定だののない時代。三角点測量では誤差が生じ、微妙な山が日本中にあった。

で、あるとき、それまで久住山が一番だったのが、じつは、大船山のほうが高いとい

うことになり、九州でいちばん高いのは大船山と宣言しようとしたのだ。しかし、やっぱり久住山だと、いきまく人たちもいた。

っと、ここまでなら、「まあよくあることだわい」で済んだのだが、その久住山と大船山の中間に、どう見てももっと高い山があるような気がする。その証拠に、久住山から大船山を見ようとしても、ある山が邪魔してお互いの頂きが見えずらいのである。

「見えないいっちゃどげんこつネ？」

その邪魔をしている山の標高を測ってみたら、１７９１メートル。なんと、５メートルも高かったではないか！

《中岳《なかだけ》》と称されており、「ここがいちばん高けぇんじゃねぇの」と納得したのであった。

このいきさつは、マタ聞きのマタ聞きであり、想像が膨《ふく》らんでいるので、定かな検証はない。

しかして、もっとも高い場所が《中岳》であり、つぎが《久住山》であり、その一帯を総合して《九重山》と呼んでいる。

つまり《くじゅうさん》という発音が二つある。非常にややこしく感じられるが、地元では、大したことと思っていない。では、すぐ近くにある《大船山》はその山域に含まれるのか？　ま、その辺も、地元では大したことではないらしい。

それよりも、紅葉を見においでと誘っている。私にとってのはじめての大船山の紅葉
……驚かんことか！

「山が燃えている！」あまりにも山の紅葉が美しいときに思わず発する言葉である。

「火事だ！」と叫んだ御仁《ごじん》もおられたが、叫んでもおかしくないほどの赤。

写真を友人に紹介すると、「色を触ったでしょ」と目を細められる。いやいや触るどころか、実際見た色はもっとはげしい赤だった。あまりの赤さに、しばらく見ていたあと、ほかのモノに目を転じると、モノが青く感じられた。

大船山は、「坊がつる」という尾瀬に似た盆地を従え、まるで船が転覆したような形をしているから、その名が付いたと言われている。頂きあたりの紅葉はすさまじい。登山を終え、降りてきた人たちから、あまりの体験をしてしまった興奮の言葉が、こぼれ落ちてくる。まったく知らない人から、カメラの中の写真を見せられる。

翌朝息せき切って登った私が、帰り際、興奮のるつぼで、だれかに写真を見てもらいたがっている。赤と紅と朱以外にあかい表現はないものかと、日本語を叩いてみたりする。自然界にこれほど赤が結集する場面も、そうそうないだろう。

さらにフィナーレは、そこに夕焼けが当たったのである。もちろん見た場所は、山を降りてきた宿の風呂からである。早朝から日が暮れるまで赤・赤・赤の山中にいる驚き。とはいえ、赤の上にはいつも真っ青な青の空があった。秋の空気は湿気を取りさり、青さに蒼《あお》さが加わり、群青色《ぐんじょういろ》に近い色で紅葉を讃《たた》えてくれた。

真っ赤な紅葉に夕焼けがあたったのを見たのは、山を降りてきたところの宿の風呂の中だと述べた。そこは山小屋としても異質の雰囲気がある小屋だ。

《法華院温泉山荘《ほっけいんおんせんさんそう》》

もともと、数百年前から、この九重山の山中にお寺が5軒あった。温泉が湧いていることがご利益となり、お寺を営んでいたが、やがて数が少なくなり、最後の1軒となったのが、法華院温泉。

宿の別棟に観音様が祀《まつ》られており、住職をつとめているのが温泉の御主人でもある。

じつはここには何度も泊まらせてもらっている。

1度目は小学6年のとき、家族登山で、九住山に登った折、泊めてもらった。当時の屋根は、わら葺《ぶ》きだった。部屋は畳《たたみ》であり、いわゆる山小屋の雰囲気はなかった。

２度目は50歳のとき、現在の形であるが、お風呂の場所が違った。そしてもっとも嬉しい悲鳴は、そのお風呂からの眺めである。

以前は、板壁が邪魔して景色は眺められなかったのだが、現在は、湯船につかりながら、夕陽に真っ赤に染まる、大船山の紅葉を拝むことができる。それも、大きなガラスの下に、小さな小窓がついており、カラリと開けると、まるで絵の額のように、切り取られた四角の中に風景が閉じ込められる。まさに青い空の中に、燃えんばかりの山が閉じ込められている。風呂場なので、カメラでは撮《と》れなかったが、何度もまぶたのシャッターを押しておいた。

なおかつ、目を閉じれば、昼間の赤が蘇ってくる。夜は、寝小便に気をつけねばならんだろう。子供のころは、赤の興奮に弱かった思い出がある。寝る前に、何度もトイレへ…と。

「えっ、ピアノがあるんですか！」

すっ頓狂《とんきょう》な声をあげた私は、食堂から人が少なくなるころを見計らってフタをあけた。薄茶色の木目がしっかりしたピアノ。

時折、ミニコンサートを催しているとあって、調律もしているという。山小屋というところは、総木造りのところがほとんどで、音の響きが柔らかい。しかも、空気が澄んでいるので、音そのものがクリアである。この山荘は、標高1303メートル。ゆっくり、指をおろしてゆく。つねに弾く曲は同じ。1曲だけの自分だけの演奏会。

《ドビュッシーの月の光》

このときは1か月のあいだに2度目の満月がある日、いわゆる《ブルームーン》

九重山の1300mの高みでは、月の光は、こうやって降ってくる。

ポロリン～

那須岳三斗小屋温泉

栃木県の那須《なす》連峰に、那須岳という山はない。三本槍、茶臼岳、朝日岳の総称を那須岳と呼んでいる。この連峰は、とにかく風が強いことで知られている。日本海側から吹いてきた風が、壁のように立ちはだかる那須の山並みにぶつかる。

山道の横の看板にも、《強風注意》の文字がある。なかでも峠《とうげ》がもっとも風が強い。なんたって鞍部《あんぶ》になっている所は、ベンチレーション効果で、風が凝縮され、周りの2倍も3倍も風速があがる。そんな場所に建っている避難小屋が痛々しい。ステンレスの大きなクサリで、建物全体を縛りつけ、吹き飛ばないようにしている。

石垣島《いしがきじま》の昔の家は、吹き飛ばないように、屋根の上に石を乗せていたものだが、さすがにクサリで縛りつけている家はなかった。ということは、この峠では、どれほどの風

が吹くのだろうか？　訪ねたときは、最大で22メートルほどの風が吹いていた。歩けるには歩けるが、アッチよろよろ、コッチよろよろである。こりゃダメだってんで座り込もうものなら、地面近くは砂が吹きすさび、顔面にビシビシ当たり、傷がついてしまうほどだ。

以前、20メートルの風のなかで座り込んでいたら、持っていたデジカメの表面の塗料がすべてはぎ取られ、銀色のカメラに変身したことがあった。《サンドペーパー》とは、ここからきた言葉だと思われる。

これほど強い風にふだん人は接しないものだから、峠の強風に出会った途端、

「ここでこの風なら、頂上に行ったらどんな風が吹いているのか？」

想像がふくらみ、登山を断念する人たちがいる。しかし、よく考えてみよう。鞍部とは風が収縮する場所。であるならば、頂上のようなとび出したところは、風が広がる場所といえる。つまり、頂上は鞍部より風は弱い。それを知っていれば、風を恐れる必要はない。（気象が変化しない限り）

「谷から吹きあがってきた鞍部（峠）より風が強い場所はない」

この峠を乗っ越すと、標高1500メートルのところに温泉宿がある。《三斗小屋温泉《さんどごや》》二軒の山小屋があり、片方の名前が変わっている。《煙草屋旅館《たばこや》》旅館といいながら山小屋である。その昔、麓《ふもと》で煙草屋をやっていたころの屋号をそのまま、山のなかでも使っているらしい。この小屋が有名になったのは、山小屋にめずらしく野天風呂があるのだ。

ここでは、露天風呂ではなく、野天風呂と呼ぶ。名前の呼び方はさまざまでおもしろい。露天と野天の違いは何だろうか？　個人的なイメージでは、《露天》は、旅館などで内風呂の外に、屋根をとっぱらった湯船をつくったモノ。《野天》は、完全な野外、つまり自然のなかにつくったモノ。

「いかいでか！」ここで、落語の八っつあんクマさんならぬ、石っさんと謙ジイの会話を楽しんでいただこう。

〜〜〜　〜〜〜　〜〜〜

石「いい湯加減じゃないですか」

謙「たまらんのぅ〜」

石「夕焼け…みられますかネ？」

謙「西の空ぁ赤くなりかかっとるゾ」
石「あらっ、ポツポツ落ちてきたのは雨粒ですか？」
謙「野天風呂に落ちる雨粒のハネも、おつなもんじゃねぇかい」
石「ごていねいに、蓑笠《みのかさ》を置いてありますよ」
謙「おぅ、ありがっとさん」
石「それにしても、峠《とうげ》超えの風はえらい強かったですネェ〜」
謙「おめぇ、まともに歩けなかったじゃねえか」
石「風速はどれくらいだったんですか？」
謙「軽く20メートル超えとったナ」
石「横向くと、リュックに風がドンッと当たって…」
謙「ふらついたろう」
石「諦《あきら》めてあそこで帰った登山者もいましたもんネ」
謙「風が強ぇのは、峠だの鞍部だけヨ」
石「たしかに頂上ではたいしたことなかったなあ〜」
謙「風を知ると、山登りはおもしろくなるゾ」

石「何メートルまで歩けるんですか？」
謙「30メートルくれぇが山では限界かのぅ」
石「それ以上だったら？」
謙「35メートルじゃぁ、ふらついて危ねぇ」
石「うぅぅ…」
謙「40メートルは、からだが浮き上がるし、いろんなモノが飛んでくるで」
石「うぅ…」
謙「それ以上は知らん」
石「登山しないと、この温泉に来れないんですよね」
謙「汗かかざる者は、入るべからず」
石「ビールうまいでしょうネ」
謙「そのビールは、小屋のヒトが担《かつ》いであげとんじゃ」
石「んじゃ、味わって飲まなきゃならんですネ」
謙「さっき、入口近くで湧き水で冷やしてたゾ」
石「もうあがりませんか？」

謙「まだ飯まで時間あるわぃ」
石「ビールが…」
謙「よし、内風呂にも入ろう！　あっちは泉質が違うゼ」
石「ビールがぁ飲みたぃ…」

さて、煙草屋旅館の食事を知らせる方法が変わっている。山小屋の食事合図といえば
・ベルを鳴らす　（リリリリリリリ）
・小屋主さんの声掛け（お食事で～す）
・館内放送（食事の時間になりました、食堂へどうぞ）
ほとんどの小屋はコレで知らせている。もしくは、まったく知らせない小屋もある。受付のときに食事の時間は知らせてあるので、あえて騒がしい放送などしないという考え方。あるいは、宿泊客の人数しだいで、食堂入れ替え制もあるので、それぞれの食事時間が違う場合もある。そして、登山者は、食事時間だけはきちっと守る。知らせなくとも、腹ペコ登山者は、いまかいまかと待っているので、間違いなく時間になると全員食堂にやってくる。

では、煙草屋旅館の場合、どんな知らせ方をしているか？

ドンドンドンドン　ドドドドドドドド〜ン、太鼓《たいこ》をたたく。

ひと抱えもある太鼓が玄関の鴨居《かもい》あたりに鎮座してあり、小屋番さんが、時間になるとバチで力を込めてたたく。目の前でたたかれたら、大きな音にキモを冷やす。いくらなんでもこれはウルサイだろうなと、だれもが思う。しかし、旅館と銘打っている当山小屋は意外と広い。しかも総木造りなので、音が柔らかく伝わる。

この宿は、山小屋なのに、部屋はすべて個室で、畳の部屋なのだ。山のなかだということを忘れると、その昔の旅籠《はたご》旅館に泊まっている錯覚すら覚《おぼ》える。部屋を取り囲んでいる木の板の廊下をスリッパで歩いていると、隣の部屋から、フーテンの寅さんが現れて、「おばちゃ〜ん、お銚子一本持ってきてぇ〜」声がけされても不思議ではない。ドンドンドンと太鼓の音もやさしく我らに届く。

もちろん朝飯にも太鼓がたたかれる。山登りへの意気込みを奮起させてくれる。

「いざ、朝飯を喰らって、山の高みへ出発！」。ついでにウグイスが、「ホ〜どっこいしょ！」

那須岳から降りてくると、麓《ふもと》には温泉がいくつもある。立ち寄ろうにもたくさんあり過ぎて迷い、決められない。そんなとき、目の前に現れ訪ねたのが、《鹿《しか》の湯《ゆ》》。那須温泉街の川の中にあった。５００円を払って中に入ると、すぐに脱衣場。湯気の向こうに、四角い湯船が６つ見える。まずはいちばん手前にある湯船につかる。

《４１度》

まあまあのふつうの風呂で気持ちがいい。しばらくしてつぎの風呂に移る。

《４２度》

急に熱くなった。あまり長湯はお勧めできないかも。見回すと、湯気の先にまだまだ湯船が連なっている。

《４３度》

入るとき、ゆっくり入ったほうがいい気がする。３０秒ほどガマンして、出た。しばらく板の土間で涼む。木造りの高い天井や明かり窓があり、涼みが気持ちいい。目をあげると、並びの数字が。

《４４度》

「アッチ！」、入るなり、思わず声が出た。時折、山の中の温泉でこのくらいの熱さのお湯があるが、銭湯系ではありえない熱さといえよう。ホントに身体に良いのか不安がよぎる。すぐに飛び出て板の土間にべったり座り込む。ふと周りを見回すと、これまでの温度の湯船の周りには、数人のオジサンたちがいて、ただ黙ってうなだれている。しかし、問題はここから先だ。禁断の場所であるかのようにだれも歩いた足跡すらないところに、湯船が設置してある。

《46度》

ここまで1度ずつ上昇させていたのに、いきなり2度あがった。試しに、足先をチョコんとつけてみた。「これは、いかん！」、湯船の壁に貼り紙がある。

「湯船に入るときは、先に入っている人に声がけをして、お湯をはげしく揺らさないようにしましょう」

あんですと？　昔から銭湯などでは、熱い風呂に入っていると、「おい、かき回すな！　熱いじゃねぇか！」、おっちゃんに小言《こごと》を言われたものだ。つまり、あまりにも熱い湯は動かすとさらに熱く感じるというしだい。とはいえ、声がけしようにもだれも入っていない。そんなに熱いのだろうか？　ソロリと足先から滑り込ませる。痛い。熱いのではなくハチに刺されたような錯覚がする。ええいままよ…ズブリと身体を沈めた。

うううう……

たぶん10秒ほどだったと思うが、10分にも感じる熱が襲ってきて、飛び出した。

いや、飛び出すときも、ソロ～リと出た。そうしないと湯が動いて熱いのだ。板の上にドテっとケツをおろしたところの目の前に、さらなる2度熱くした湯があった。

《48度》

猫のように手を伸ばして、ひとさし指をチョコんとつけてみた。茹《ゆ》で卵を茹でているときに、卵を動かそうと触るあのときの感覚が蘇った。ヤケドする直前という信じられない熱湯！

ここに入る人がいるのだろうか？　少なくとも、だれも入っていない。振り返ると、後塵《こうじん》を拝しているオジサンたちの目線がささる。

（あ奴《やつ》、まさか入るのではないだろうな…）

期待と憧れと、ぶざまな姿を見たい欲求が、その視線に込められていた。

ふと壁を見上げると、《湯あみ節》なるモノの歌詞が書いてある。3番にこんな歌詞が…

「♪～53度で鍛えたからだ～♪」

なんじゃこれは！　48度でビビッている人を脅《おど》す目的でつくられた歌としか思えない。

最近ローストビーフをつくるマシンを購入したのだが、そこで設定される温度が55度なのだ。ほとんど同じじゃないか！　そんなお湯に入ったらイカンのではないか？

ここはひとつ、神経が鈍《にぶ》そうなカカトだけつけ、悲鳴を我慢して、湯から離れることにした。脱衣所の前に、上がり湯があった。《頭からかぶる湯》と書いてあったので、なんとなくヒシャクですくい、頭からかけた。

ザバ〜ン……ぎゃあああ〜〜〜

何が起こったのか、目をあげると文字が書いてあった。

《頭からかぶる湯　48度》

ぎょあああああああああああああ〜〜〜〜〜

はての宿の露天風呂

温泉旅館の露天風呂が大好きだ。浴衣《ゆかた》を脱ぎすて、かけ湯を浴び、わき目もふらず露天風呂に向かう。ざぶん〜あああ〜〜なにものにも代えがたい、ひととき——

その日訪ねた旅館は、北海道の知床《しれとこ》の秘湯であった。ただでさえ広い北海道をこれでもかこれでもかと突き進んだ先の知床半島をさらにこれでもかと進んだ先に、その宿はあった。この先はもう山に登るしかないと言ってもよい羅臼岳《らうすだけ》の登山口にある秘めたる宿の露天風呂である。

ここまで突き進むと、泊り客もそんなにいないハズ。あああああ〜湯船にどっぷりと浸《つ》かり、ため息を緑濃き森に向かって豪快に繰り返していた。明日から登るはじめての羅臼岳に想いをはせていた。「はて」という言葉を使ってだれはばかることのない日本

の端っこに来た感があった。ここからは道路はなく、さらに知床半島を北上しようとすれば、山中を足で歩くか、船で海上を行くしかない。まさに《この世のはて》を実感できる宿の湯につかっている。

「キャッキャッ」

突然、黄色い声が響いた。えっ？　若い女性がふたり入ってきた。見ると、グレーのムームーのようなものを羽織り、ずんずん進んでくる。なになになに…どういうこと？いまになって、この露天風呂の真相に気づいたのである。

《混浴》

そういえば、チェックインのときに、ていねいな口調のフロントの方のお話を、いい加減に聞いていたことを思い出した。

「露天風呂に入る際は、入り口に置いてある、海水パンツを穿《は》いて下さい。くれぐれも、裸のままで行きませんように」

耳から入る案内説明にハイッ、ハイッ、と切れの良い相づちを打っていた。自衛隊とは言わないが、消防隊員くらいのハイッであった。いい加減に相づちを打っていても、脳みその記憶には、内容はしっかり刻まれているという医学的事実も知った。しかし、それを思い出したときは、完全に「時遅し」である。混浴の風呂は全国にあるが、おおむね白濁か焦げ茶色である場合が多い。

・別府の坊主地獄のどろ湯
・秋田のドロ湯温泉
・青森の酸ヶ湯《すかゆ》

いずれも、見える見えないという懊悩《おうのう》をはぶいた湯である。ところが、当温泉のなんと透き通って青々としていることか！

「わ〜すっご〜い！」若き女性二人の楽し気な声。身を小さくして、なにげなさを装っているが内心ビビっている。タオル一枚持ってきていない全裸。どうやって、入口に向かって抜け出そう…良いことに、この露天風呂は、ひらがなの《つ》のような形状。彼女たちは《つ》の書きはじめの場所に浸《つ》かっている。私は、書き終わりのハライの場所に陣取っている。そのあいだには大きな岩があり、別々感が強い。（まあ、なんとかなるだろう）そのときだった。

「あら、いいわネ」

あらたな二人が入ってきた。こっちは、男女のカップル。当然、《つ》の曲がってい る箇所にザブン。じつはそこが、脱出場所なのだ。そろそろ長湯のできない体質の私の肌が赤々としてきた。鏡があれば、顔も真っ赤になっているだろう。事件に発展する前に、なんとか脱出を…そこに！

「ワ〜イワ〜イ！」

なだれ込んできたのは家族らしき4人組。子供たちが嬉々《きき》として湯に飛び込む。そうだったのか…この露天風呂は、ある意味、《常磐ハワイアン温泉》のように有名なのかもしれない。男女や家族が一緒に入れる露天風呂として、下調べをした家族やカップルが、満を持してやってくる。まさか、素っ裸の男が入っているなど、ありえない露天！ハワイアンセンターの流れるプールに、素っ裸の男がいる違和感！ ハワイアンダンスをまっ裸の男が観ている仰天！

逃げ場を失った——

最初の女性ふたりの時点で、「ごめんなさい、パンツ穿くの忘れてました」、正直に頭を下げていれば事なきを得たはず。それをグジグジしていたばかりに事態は最悪に向かっている。ひょっとするとこの先、団体客とかがドッとなだれ込んでくるやもしれぬ。

なのに――この男は、まだなんとかしようと、あがいている。っとこのとき、真っ赤に紅潮したホホの頭にアイデアがひらめいた。

《子供とりこみ作戦》

楽し気な家族のなかの小学２年らしき小さな男の子が近くにやってきたのをいいことに、手で水鉄砲をかけると、キャ～。手の平でブウブウ音をたてるや、ワァ～。人気作戦である。媚《こび》作戦と言ってもいい。そして、親の目が離れた隙に、

「ボクにお願いがあるんだけど」

「なに？」

「君が穿いているようなパンツが入り口にあったろ、アレを、もう一枚持ってきて」

「いいよ！」

やった！　脱出アイテムが手に入る。もはや茹《ゆ》だったトマトのような顔と身体は、そろそろ限界に近いと示している。しばらくして、もうろうとした頭に、パタパタと帰ってくるボクが見えた。手を差し出している。「はい、コレ！」

生きてきたなかで、なんどか泣きたい気持ちになった瞬間というのがあります。ボクの手に握られていたのは、子供用の小さなパンツだった。

おわりに

はじめての山でのお泊まりが、九重山の法華院《ほっけいん》温泉山荘だった。いま思い起こしてみると、父親は山登りをする人でなかったので、なぜ家族をつれて九重山に登り、山小屋に泊まったのだろうかとの疑問があった。そのワケは山を降りるときに、つまびらかになった。

温泉であたたまり、ご飯を食べ、はじめての山の中のお泊まりを経験した次男坊けんじろう君は翌朝、おおきなリュックが目の前に置かれて、目をまん丸にした。10円玉や5円玉などの硬貨がどっちゃり詰め込まれた袋。控えめにみて10キロ近くの重さがあった。

集金――銀行務めであった父親は、山小屋に貯まるお金を銀行員として集金にいくついでに、家族登山をしようとしたらしい。当時の山小屋の宿泊料は、おそらく数百円。となると、小銭も否応《いやおう》なく溜まってゆく。それを回収するのが銀行の役目だったと知る。

元気が良いとおだてられた小学6年生の背中に、硬貨玉が背負わされた。まだ百円玉が普及していないころであり、百円札全盛の時代である。ジャリジャリと騒がしい背中のお金の重みにこころが騒いでいたとき、ふと――そういえば、百円札はどうなったのだろうか？　当然、責任者である父親が担いでいたハズである。おそらくそれは、羽のように軽い紙幣の束であり、イザというときには、すっとんで逃げられる重さであったハズ。

タッタタッタ、先頭を軽々とスキップを踏む父親の足取りを見て、大人になれば、ああも軽々担げるようになるんだなと、中身がそんなこととは知らずに妙に感心していた次男坊でありました。

温かく楽しいビタミンチャージ本

俳優　小林　綾子

山への造詣《ぞうけい》が深くユーモア溢《あふ》れる山カフェマスターがまたおもしろい本を書かれた。すごい！　なんと五冊目⁉

いつだったか「書きたいことが山ほどあって、頭の中にはいっぱいネタが詰まっているんだよ」と教えてくれたことを思い出した。いったいどれほどのお話が頭の中に詰まっているのだろう。あっというまに五冊目出版というところがそれを物語っている。

山や旅などの魅力やおもしろさがふんだんに盛り込まれたこの一冊、とくに第6章では、最後のオチがおかしくて「ウンウン！　ソウソウ！」と妙に納得してしまう。そして自分も一緒に旅しているかのような温かく楽しい気持ちにさせてくれる不思議な魅力がこの本にはあるのだ。まさに元気の源、ビタミンチャージ本なのである。

石丸謙二郎さんと聞いてパッと閃《ひらめ》くのは、なんといっても世界の車窓の景色とともにテレビから流れてくるあの心地よいナレーションの声だろう。その優しい声で楽しませてくれるラジオ番組では頼もしい「山カフェ」マスターとしてもお馴染《なじ》みで、私もすっかりそのファンのひとりである。

しかし、私にとっては俳優の大先輩で、テレビドラマではかなり昔から共演していたものの、近年までこんなにも山に親しんでいらっしゃることを、じつはあまりよく知らなかった。

私も、山好きだった母に連れられ子供のころから登山をしているけれど、石丸さんのラジオ番組に出演させていただいたことで山を通じたご縁ができ、私の山トモである登山家の松田《まつだ》宏也《ひろなり》さんが番組にご出演されたのをきっかけに、後日みんなでスキーにでかけることとなった。天候にも恵まれ楽しいスキー旅行となった丸沼《まるぬま》高原では、まっ赤なジャケットに青のパンツウエア姿の石丸さんが、仲間を気遣いながらもグングン気持ちよさそうに、とにかくパワフルに滑る姿がとても印象的だった。

なんとかつてはリフトオープンから営業終了までランチも食べずにひたすら八〇本も滑っていらしたこともあったとか。アスリートもビックリのものすごい体力である。

また、「遠い飲み屋」へ行こうと八ヶ岳の編笠山《あみがさやま》へお誘いいただいたときには、青年小屋で美味しいお酒を楽しんだ次の日、権現岳《ごんげんだけ》経由で下山中に、私の背中が痛み出してしまったことがあった。すると「ちょっと貸して！」と、ひょいと自分のザックの上に私の荷物を乗っけたかと思いきや、タッタカ歩いてそのまま駐車場まで運んでいってくれたのである。なんという優しさ！　そして力持ち！　やはり鍛《きた》え方が違うのだなあとその温かさとバイタリティーにつくづく感服《かんぷく》したことを覚えている。

石丸さんの魅力は、並外れた体力だけではない。発想もじつにユニークで素敵だ。

厳冬期の北八ヶ岳の東天狗岳《ひがしてんぐだけ》にお誘いいただいたときのこと。私は凍《こご》えるような寒さと天候の急変を恐れて早く山頂へ向かわねばと気持ちが急《せ》いていたのだが、余裕の石丸さんはそんなことはどこ吹く風で、真冬の美しい雪景色は今しか楽しめないよと言わんばかりのゆったりモード。あちこちで足を止め、降り積もった幻想的な雪の塊を見ては、「これはおサルさんだ！　こっちはおばけにみえるよ！　おっ、この塊には顔がかけるぞ！」とじつに楽しそう。

こんなにも発想が豊かでユニークな雪山登山をする方に私はかつてお目にかかったことがなかった。おかげさまで新たな山の楽しみ方の発見ができ、その後もたいへん愉快な山行となったのである。

石丸さんは墨絵の趣味もお持ちだ。それがまたとても繊細で素晴らしい。私は浅間山をガトーショコラに見立てた作品がユニークで大好きなのだけれど、毎月、山岳雑誌『岳人』にも連載される腕前でほんとうにお見事。しかもそれが独学というから驚きだ。書道もされるし、ウィンドサーフィンのスピードレースではアスリート顔負けの記録だってお持ちなのである。包丁を持てば魚もチャチャっとさばいてしまうお料理もプロ級で、この本にも書かれているようにピアノまで弾《ひ》かれてしまうマルチな方なのである。

　あちこちの山小屋でドビュッシーの「月の光」を弾いて宿泊客を楽しませてくれているが、八ヶ岳では新曲「星に願いを」も披露《ひろう》してくれた。なんとロマンティックで豊かな潤《うるお》いのある時間なのだろう。石丸さんは自然体でさまざまな人生の楽しみ方を教えてくれるのである。

　味のある素晴らしい役者さんであることはもちろん、湧き水のごとくあふれ出るユニークなアイデアをお持ちの多彩な石丸さんは、これからもきっとつぎつぎに私たちを楽しませてくれることだろう。

　さあ、お次はどんな作品が待っているのか、期待とともに石丸ワールドはこれからもワクワクが止まらない。

小林綾子さん　黒百合ヒュッテにて

『台詞は喋ってみなけりゃ分からない』

〈内容の一部〉
ワタシ、イシマル／映画とワタシ／役者はバイト？／舞台、芝居、劇／語りの極意／イイナァ、コノセカイ

舞台にたち、映画やテレビでさまざまな役柄を演じてきた著者が、あらたな視点で芝居を語ります。虚構の世界の不可思議なおもしろさをセリフまわし豊かに喋ります。

『山は泊まってみなけりゃ分からない』

〈内容の一部〉
山小屋の昼寝／山で発見／きびし～い／なぜ？どうして？／ふふっ／山小屋に泊まる

山で泊まる…この言葉をともに分かちあいたいと願っている著者が、山で出会った人々や花、鳥などを温かな眼差しで見つめ、山小屋に泊まる楽しみを語る。

『犬は棒にあたってみなけりゃ分からない』

〈内容の一部〉
つらつら思うに／どっちがどっち／そんなアホな／気になる／オジサンの口ぐせ／ある発見

犬のようにフラフラ歩き回りながら、コレはなんだろう、アレは食べられるかな、この道はどこに続くのだろう、などとマジマジと観察したことを軽快に綴る。

『旅は迷ってみなけりゃ分からない』

日本列島津々浦々旅をしている著者が、旅先での気になる発見の数々を、まるで語るがごとく筆に尽くします。いったい日本は広いのか狭いのか、乞うご期待！

山は泊まってみなけりゃ分からない

2024年3月25日　第1版第1刷発行

著　者　石丸 謙二郎
発行者　柳町 敬直
発行所　株式会社 敬文舎
〒160-0023　東京都新宿区西新宿3-3-23
ファミール西新宿405号
電話　03-6302-0699（編集・販売）
URL　http://k-bun.co.jp
印刷・製本　中央精版印刷株式会社

造本には十分注意をしておりますが、万一、乱丁、落丁本などがございましたら、小社宛てにお送りください。送料小社負担にてお取替えいたします。

Printed in Japan ISBN978-4-911104-62-0